子どもの体育指導のエッセンス

明星大学保健体育部会 編

明星大学出版部

まえがき

　本書には、子どもの体育・スポーツ指導にかかわるすべての人に向けて、その指導の背景にある大切な事柄を、しっかりと吟味して指導に臨んでもらいたいという、執筆者全員の願いが込められています。その大切な事柄は、体育・スポーツを指導するための「エッセンス」と呼ぶことができるでしょう。この「エッセンス」は、読者の皆さん一人ひとりの指導をより充実したものとするために不可欠です。

　例えば、小学校の体育の授業でサッカーを指導するときには、ただゲームをさせるだけでなく、同時に次のようなことを考える必要があります。

「子どもの身体はどのように成長・発達するのだろう？」
「どうやったら、運動がうまくなるのだろう？」
「サッカーが苦手な子どもが楽しんで授業に取り組むためには、何が必要なのだろう？」
「サッカーって、ほかの種目と比べてどんな特徴のあるスポーツなのだろう？」
「そもそも、どうして学校で体育をする必要があるのだろう…？」

　これらの問いは、皆さんが実際に体育・スポーツの指導をどのように実践してゆけばよいのかを考えるために、避けては通れないものです。まさに、それらは体育・スポーツ指導の「エッセンス＝本質」なのです。そして、これらの問いの答えを、読者の皆さん自身が探していくための多くのヒントが、本書の各章にちりばめられています。本書は最初から読み進めることもできますが、各章が比較的独立してもいますので、読者の皆さんが興味のある章から読むことができます。

　本書での学びを通して、体育・スポーツ指導の「エッセンス」を理解した指導者が一人でも多く生まれ、その結果、体育・スポーツの場に子どもたちの笑顔が生まれたとしたら、執筆者一同、これほどの歓びはありません。

　　　　　　　　　　　　　　　　　　　　　　　　　　　　　執筆者一同

も く じ

まえがき ……………………………………………………………… i

I 体育ってなんだろう？

第1節 「体育」と身体教育 ……………………………………… 4

第1項 体育は体を鍛えること？ ………………………………… 4

　⑴ 体育は好きですか？　嫌いですか？ ……………………… 4

　⑵ 体育が「体錬」だった時代 ………………………………… 5

第2項 体育は運動すること？ …………………………………… 6

　⑴ 体育は運動しているだけ？ ………………………………… 6

　⑵ 体育＝スポーツ？ …………………………………………… 7

　⑶ 体育とはなにか？ …………………………………………… 8

第3項 身体を教育するってどういうこと？ …………………… 10

　⑴ そもそも、身体ってなんだろう？ ………………………… 10

　⑵ 身体から子どもを変えるということ ……………………… 11

第2節 身体観を育てる必要性 …………………………………… 13

第1項 身体観の現状 ……………………………………………… 13

　⑴ 身体観とはなにか？ ………………………………………… 13

　⑵ なぜ、身体観が問題なのか？：売りモノとしての身体 ……… 14

第2項 身体観はどのようにして形成されるのか ……………… 17

　⑴ 身体的な実感の影響：動物園でのある児童の例から ……… 17

　⑵ 他者から見られているという意識：ダイエットの不自然さ … 19

　⑶ からだの数値化：健康診断の功罪 ………………………… 20

　⑷ メディアの影響力：シャンプーのＣＭの威力 …………… 21

第3節 これからの体育を考える：身体観をどのように育むか …… 23

第1項 体育・スポーツと身体観の関係 ………………………… 23

　⑴ これまでの体育授業における身体観 ……………………… 23

　⑵ スポーツが育てる＜強い＞身体の課題 …………………… 24

第2項　体育の未来に向けて ……………………………… 25

　⑴　体ほぐしの運動の可能性 ……………………………… 25

　⑵　体育の敗北を乗り越えるために：
　　　フィットネスジム人気が意味すること ……………………… 27

Ⅱ　スポーツってなんだろう？

第1節　スポーツがもつ意味 ……………………………… 32

第1項　スポーツは文化である ……………………………… 32

　⑴　そもそもスポーツってなんだ？ ……………………… 32

　⑵　文化としてのスポーツ ………………………………… 33

第2項　スポーツは、人類共通の文化である？ ……………… 34

　⑴　日本の法律はスポーツを認めている？ …………………… 34

　⑵　スポーツと健康の逸話 ………………………………… 35

第3項　スポーツはどこに向かうのか？ …………………… 36

　⑴　スポーツがもつ影響力の行方 ……………………… 36

　⑵　スポーツと sport の混乱 …………………………… 38

　⑶　スポーツと競技スポーツの社会問題 ……………… 40

第2節　ひとはスポーツをどのように発展させた？ ……… 41

第1項　古代スポーツから現代スポーツへの発展と歴史 ………… 41

　⑴　スポーツと人間性と競争 ……………………………… 41

　⑵　近代オリンピックの始まり ………………………… 44

第2項　社会で利用される現代スポーツ：
　　　アスリートという被害者 ……………………………… 45

　⑴　メガイベントゆえの苦悩 …………………………… 45

　⑵　リオ大会の問題から考える ………………………… 46

第3項　踊らされるアスリートたち ……………………… 47

　⑴　アスリートゆえの苦悩 ………………………………… 47

　⑵　競技スポーツの光と闇 ……………………………… 48

第3節　スポーツは都合の良い道具じゃない！ ………… 50

第1項　現代社会におけるスポーツの実相 ……………… 50

⑴　記録や勝利をめぐる新たな金銭的誘惑　……………………　50

⑵　若い競技者の人生や、アイデンティティにおける

スポーツ参加の新たな意味　……………………　51

⑶　パフォーマンスを高める新テクノロジー　……………………　52

⑷　イメージを重要視する新しいタイプの企業スポンサーなどに

囲まれている　……………………　53

第2項　スポーツの実相　……………………　54

Ⅲ　体育・スポーツで子どもの心はどう育つの？

第1節　体育の授業における「楽しさ」　……………………　58

第1項　「楽しさ」の具体像を探る意味　……………………　58

第2項　「楽しさ」の具体像に迫る　……………………　59

⑴　ある教育大学における「楽しさ」のとらえ方　……………………　59

⑵　体育の授業における「楽しさ」と

人間の本能的欲求との関連　……………………　61

第3項　体育の授業に参加する全員が「楽しさ」を

享受するために　……………………　62

第2節　運動に対する有能感である「運動有能感」　……………………　64

第1項　運動有能感について　……………………　64

⑴　運動有能感の構造　……………………　64

⑵　運動有能感の性差　……………………　65

第2項　運動有能感と体育の授業における「楽しさ」との関係　……　66

第3節　「自分もがんばればできる」の認知を高める働きかけ　…　68

第1項　運動へ積極的にチャレンジできる環境づくり　……………………　68

⑴　運動へチャレンジできる心理状態を整える　……………………　68

⑵　運動へチャレンジできる雰囲気を整える　……………………　69

第2項　成功体験を得るためのスモールステップ方式の適用　……　69

⑴　スモールステップ方式とは　……………………　69

⑵　動機づけを維持できる難易度の設定　……………………　70

第3項　スモールステップ方式の展開において必要な教師の役割　…　71

第4項　「統制感」の形成に向けた動機づけを高める働きかけ　……　72

　　　⑴　可視化による効果　………………………………………　72

　　　⑵　言葉かけによる効果　……………………………………　73

　第4節　子どもたちが安心して運動に取り組める環境づくり　……　75

　　第1項　「受容感」の形成に向けて　………………………………　75

　　　⑴　「受容感」の形成を促す必要性　………………………　75

　　　⑵　「受容感」の形成を促す環境　…………………………　75

　　第2項　「受容感」の形成を促す働きかけ　……………………　76

　　　⑴　鍵を握る子どもたち同士のコミュニケーション　………　76

　　　⑵　チーム内のコミュニケーションを活性化させる働きかけ　……　77

　　第3項　親密な人間関係を促進するコミュニケーションの形　……　78

　　　⑴　自らの情報をオープンにする自己開示　………………　78

　　　⑵　体育の授業と自己開示との関係性　……………………　80

　　　⑶　自己開示に抵抗を感じる子どもへの働きかけ　………　81

　　第4項　授業に参加する全員が体育の楽しさを享受するために　……　82

Ⅳ　運動はどう上達するの？

　第1節　運動習慣を身に付ける　………………………………　86

　　第1項　好きこそものの上手なれ　………………………………　86

　　第2項　価値判断系　………………………………………………　87

　第2節　運動学習の仕組み　………………………………………　89

　　第1項　なぜ跳び箱が跳べないのか　…………………………　89

　　第2項　即座の習得を可能にするために　……………………　90

　　第3項　学習者に仮説を持たせる　……………………………　91

　　第4項　見よう見まねの大切さ　………………………………　92

　　第5項　模倣学習：まねながら学習する　……………………　92

　　第6項　感じる力　………………………………………………　94

　　第7項　運動制御の考え方　……………………………………　94

　第3節　運動学習を支援する　……………………………………　97

　　第1項　運動アナロゴン（類似の運動）　……………………　97

第2項　複雑な情報伝達は上達を妨げる　………………… 99

第3項　指導者に必要な共感する心　………………… 100

第4項　学び合う子供たち　………………… 101

第5項　上達の壁　………………… 102

第6項　子供との信頼関係を築くこと　………………… 102

V　運動技術ってなんだろう？

第1節　大きな力を発揮するテクニック　………………… 106

第1項　全身が発揮する力を決定する「筋力の直列連結系」とは　… 106

⑴　力は身体のどの部位で発揮されるか　………………… 106

⑵　全身が発揮する力の大きさはどのように決まるのか　……… 107

⑶　筋力の直列連結系　………………… 107

第2項　筋肉と筋力の特徴　………………… 108

⑴　筋力は筋肉の太さに比例する　………………… 108

⑵　能動筋力と受動筋力　………………… 108

⑶　能動筋力と受動筋力、力はどちらが強い？　……………… 109

⑷　動きをつけると筋力は減る　………………… 109

第3項　大きな力を発揮する体の使い方　………………… 110

⑴　材木担ぎ！親父と息子の対決　………………… 110

⑵　カヌー選手の体の使い方　………………… 112

第4項　まとめ：大きな力を発揮するには　………………… 113

第2節　スポーツとフォーム〜姿勢反射〜　………………… 114

第1項　随意運動と姿勢反射　………………… 114

⑴　非対称性頸反射　………………… 114

⑵　対称性頸反射　………………… 116

⑶　緊張性迷路反射　………………… 117

第2項　倒立がなぜむずかしいのか、姿勢反射から考える　……… 118

第3項　まとめ：随意運動と姿勢反射　………………… 120

第3節　スポーツと素質〜パワー型の筋肉とスタミナ型の筋肉〜　… 121

第1項　陸上短距離界の女王ジョイナーは

マラソン界で活躍できるか？ ……………………… 121

第2項　白筋線維と赤筋線維 ……………………… 121

⑴　筋肉の糸＝筋線維 ……………………………… 121

⑵　2種類の筋線維 ………………………………… 122

⑶　白筋線維と赤筋線維の収縮特性 ……………… 122

⑷　別の呼び名 ……………………………………… 123

第3項　白筋線維と赤筋線維の比率 ……………… 123

⑴　ニードル・バイオプシー法 …………………… 123

⑵　一般人の場合 …………………………………… 124

⑶　一流選手の場合 ………………………………… 124

⑷　スポーツ種目と筋線維比率の関係 …………… 124

⑸　ジョイナー選手の筋肉の中身は？ …………… 126

第4項　トレーニングで筋線維を変えられるか … 126

⑴　一分の望み ……………………………………… 126

⑵　スポーツ科学の答 ……………………………… 126

第5項　結論とまとめ ……………………………… 127

Ⅵ　健康な身体ってなんだろう？

第1節　身体組成とエネルギー消費量 …………… 130

第1項　身体組成 …………………………………… 130

⑴　身体組成とは …………………………………… 130

⑵　体脂肪率の測定方法 …………………………… 133

⑶　肥満とやせの人口の変化 ……………………… 136

第2項　エネルギー消費量 ………………………… 137

⑴　エネルギー消費量の構成 ……………………… 137

⑵　中年太りの原因 ………………………………… 138

⑶　子どもの身体活動量の低下 …………………… 138

第2節　減量と増量の科学 ………………………… 140

第1項　減量の科学 ………………………………… 140

⑴　効果的な減量方法 ……………………………… 140

⑵　太りやすさは遺伝か環境か　……………………… 141

　　⑶　食事による減量と運動による減量　……………… 143

　第2項　増量の科学　……………………………………… 144

　　⑴　増量の中身は何か？　………………………………… 144

　　⑵　効率のよい増量　……………………………………… 145

第3節　運動する子どもの食事　……………………………… 146

　第1項　運動と食事の関係　……………………………… 146

　　⑴　体力と学力と食事の関係　………………………… 146

　　⑵　スポーツをする子の食事　………………………… 147

　第2項　目的別の食事　…………………………………… 148

　　⑴　体づくりの食事　…………………………………… 148

　　⑵　持久力アップの食事　……………………………… 150

　　⑶　疲労回復の食事　…………………………………… 151

Ⅶ　運動で身体はどう変わるの？

第1節　身体運動と発育・発達　……………………………… 156

　第1項　「健康」と「体力」について　………………… 156

　　⑴　健康とは　…………………………………………… 156

　　⑵　体力とは　…………………………………………… 157

　　⑶　運動とホメオスタシス　…………………………… 158

　　⑷　健康・体力はどうやって測るのでしょう？　…… 158

　　⑸　現代の子どもたちに求められる体力とは　……… 159

　第2項　身体の発育・発達　……………………………… 161

　　⑴　身体はどのように発育・発達していくのでしょう？　……… 161

　　⑵　いつ、どのような運動を行うのが望ましいのでしょうか？　… 162

　　⑶　平均値と個人差　…………………………………… 163

第2節　身体を鍛える　………………………………………… 165

　第1項　トレーニングの原理・原則　…………………… 165

　　⑴　身体の鍛え方（体力の高め方）を知る意味　…… 165

　　⑵　トレーニングの原理・原則とは　………………… 165

第2項　体つくりの方法 ………………………………………… 166

　　　⑴　行動を起こす能力（筋力）を高める ………………………… 166

　　　⑵　行動を持続する能力（全身持久力）を高める …………… 167

　　　⑶　行動を調節する能力（調整力、柔軟性）を高める ……… 168

　第3節　運動・スポーツの始めと終わり ……………………… 169

　第1項　ウォーミングアップ …………………………………… 169

　　　⑴　まずはウォーミングアップから ………………………… 169

　　　⑵　ウォーミングアップでは何をする？ ………………………… 169

　　　⑶　ウォーミングアップとしてのストレッチング ……………… 170

　第2項　クーリングダウン ………………………………………… 172

子どもの体育指導のエッセンス

明星大学保健体育部会 編

I　体育ってなんだろう？

I 体育ってなんだろう？

第1節 「体育」と身体教育

第1項 体育は体を鍛えること？

(1) 体育は好きですか？ 嫌いですか？

　この章では、体育とはいったい何なのかを考えていきたいと思います。本書で皆さんは、体育にかかわるさまざまな事柄を学んでいきます。その大前提として、そもそも体育がどのようなものなのかについて、理解しておくことが必要だと思います。しかし、なぜそのような共通理解が必要なのでしょうか。

　その理由を考える手がかりとして、まず皆さんに聞きたいことがあります。「体育は好きですか？　それとも嫌いですか？」。この質問に、皆さんはどのように答えるでしょうか。もちろん、人によっては大好きな人もいるでしょうし、またほかの人は、大嫌いと答えるかもしれません。しかし、その答え自体は、それほど重要ではありません。大切なことは、そこで皆さんがイメージしている体育を、ひとまず明確にしておくことです。それが、体育とは何かを考えるスタートになります。

　例えば、体育が好きな人は、なぜ好きなのでしょうか。運動をするのが好きだからという人もいるでしょうし、小学校から高校までの体育によい思い出をもっているからという人もいるでしょう。また、反対に体育があまり好きでない人は、運動そのものが苦手であったり嫌いであったりするかもしれませんし、場合によってはこれまで受けてきた体育の授業によくない思い出があるかもしれません。よく聞かれることとしては、リレーの授業で走るのが遅くて同じチームの仲間から責められたことや、マット運動の授業でクラス全員の前でできない技をやらされて笑われたこと等があります。

ここで一度考えてみてほしいことは、皆さん1人ひとりが経験してきたその「体育」には、共通することもあれば全く違うこともあるということです。もし皆さんが、現在から将来にわたって、体育やスポーツを児童・生徒に指導する立場につくのであれば、その多様な体育の経験を一度見直してみることが必要です。なぜなら、私たちは自分が受けてきた体育授業やスポーツ指導を、無自覚のうちに繰り返すかたちで実践してしまうことが多いからです。ですから、ここでは体育とは何かを考えることを通して、皆さん自身の体育経験を見つめ直してほしいと思います。

(2) 体育が「体錬」だった時代

手はじめに、まずは日本の体育の歴史を簡単に振り返ってみましょう。私たちが今経験している体育も、その過去のあり方に大きな影響を受けています。したがって、過去のよいところを受け継ぎ、反対によくないところを反省して変えていくためにも、体育の歴史を振り返っておくことには意味があります。

体育という呼び方は、1876（明治9）年にはじめて用いられたと言われています[1]。それ以降も、体育に対してはさまざまな呼び方がありました。その最も象徴的な例が、「体錬（タイレン）」という呼び方です。体錬という文字を見て、皆さんはどのようなことを想像するでしょうか。この呼び方は、1941（昭和16）年から用いられたものです[2]。その頃の日本には、現在の状況と大きく異なることがありました。そうです、戦争です。

戦争は、体育にどのようにかかわっていたのでしょうか。簡単に言うと、体育は戦争に役に立つ＜強い兵隊＞をつくるために不可欠でした。もちろん、21世紀の現在でも、体育の1つの目的は健康な国民を育てることです。それは平均80年を超える人生を、豊かに、幸せに生きるために求められていることです。戦争とともに行われていた体錬も、国民の健康を重視してはいました。しかし、それは豊かな人生を送るためではなく、あくまでも戦地における貴重な戦

力を高めるという目的のためでした。要するに、体錬は国民の身体を育てることではなく、鍛えること、つまり鍛「錬」することを目指していたのです。

　これに関連して少し付け加えると、その時代の体育教師には、軍隊を退役した軍人が多く採用されていました。そのため、体錬の授業の多くは、軍隊的な規律や規則、挨拶や行動を求めるようなものであったと考えられます。そして、そのような体育教師のあり方は、21世紀の今日にも確実に受け継がれています。大きな声で指示を出し、整列の乱れを厳しく正し、ときに怖い存在ですらある体育教師は、戦前からさまざまなものを受け継いでしまっていると言えます。したがって、体育教師を目指す私たちは、このことをしっかりと自覚しておかなければなりません。

第2項　体育は運動すること？

⑴　体育は運動しているだけ？

　戦前から続いた体を鍛えるための体育のあり方は、太平洋戦争の敗戦によって大きく変わることとなりました。具体的には、それまでのような軍隊的な規律や礼儀を重んじる風潮が全面的に否定され、そのかわりに、アメリカが主導する民主的な教育のあり方が求められるようになりました。つまり、＜強い兵隊＞に鍛えることを目指していた体育は、敗戦と同時にその目標の方向を180度変え、民主的な態度を身につけた国民を育てることを目指すようになったのです。

　しかし、そのような体育に対する考え方を、敗戦と同時にすぐさま変更することは、もちろん簡単なことではありませんでした。少し想像してみてほしいのですが、昨日まで体育教師が軍人のように振る舞い、児童・生徒に命令口調で指示していた体育授業を、今日からはそのような軍隊的な色をすべて消して、自由や平等の考え方に基づいて民主的に行ってくださいと言われたら、どうなるでしょ

第1節　「体育」と身体教育　　7

うか。きっと、体育教師も児童・生徒もとまどってしまうでしょう
し、実際にそうであったようです。

　そのように、時代とともに体育に求められるものが変化していっ
た中でも、変わらなかったものもあります。それは、体育の授業で
児童・生徒に運動を行わせるということです。強い兵隊を育成する
ためにも、また生涯にわたって健康に生きていくためにも、やはり
運動は欠かせないものだったということです。しかし、だとすれば
体育とはただ運動をしているだけなのでしょうか。例えば、健康の
ためにジョギングやウォーキングをすることは体育なのでしょう
か。また、それが子どもの場合、例えば鬼ごっこ等の遊びは、たし
かに身体運動を伴っていますが、それもまた体育なのでしょうか。
このことは、案外大きな問題を含んでいます。なぜなら、もし鬼ご
っこ等の運動が体育であるなら、体育は遊んでいるだけではない
か、という批判にさらされてしまうからです。そして、実際にこの
ような批判はこれまでにも多くなされてきました。

⑵　体育＝スポーツ？

　この「体育は遊んでいるだけではないのか」という批判は、現在
でもなされています。特に、今日では体育授業の主な教材がスポー
ツ種目になっているため、「体育はただスポーツをしているだけで
はないのか」というように、かたちを変えて批判されています。も
ちろん、私たちにはこの批判に応える責任があるわけですが、どう
すればこの責任を果たすことができるでしょうか。その1つの方法
としては、体育とスポーツをしっかりと区別することが挙げられま
す。その区別を厳密にすることによって、体育はただスポーツをし
て遊んでいるわけではない、と主張することができるはずです。

　そもそも、体育とスポーツは何が違うのでしょうか。この区別を
明確にすることは、体育とは何かを正確に理解するためにも不可欠
です。そこで、ここではこの区別を見る前に、まず、この2つの用
語が混同されている現状を確認しておきましょう。

体育とスポーツが混同されている例は、私たちのまわりに溢れています。例えば、「体育の日」という祝日があります。これは、1964年に開催された東京オリンピックの開会式の日を記念して制定されました。しかし、この体育の日の英訳は、「Health and Sports Day」とされています。ここで「あれっ」と思ってほしいのですが、この英訳をもう一度日本語に直訳すると、「健康とスポーツの日」になります。つまり、「体育の日」イコール「健康とスポーツの日」というおかしなことが起きてしまっているわけです。

同じような例は、「国民体育大会」、いわゆる国体でも起きています。国体は英語で「National Sports Festival」もしくは「National Athletic Meet」と表記されるのが一般的です。つまり、「スポーツ祭」や「競技会」という意味になってしまうのです。たしかに、国民体育大会といわれる場で都道府県対抗の競技スポーツ大会が行われているのを見ると、この英語表記は納得できるものでしょう。

しかし、そのような競技スポーツの大会を、なぜ私たちは「体育」大会と呼んでいるのでしょうか。ここに、私たちが体育とスポーツを混同している現実が浮かび上がってきます。競技スポーツの大会を体育の大会と呼ぶことに、私たちの多くは特に疑問をもっていないかもしれません。しかし、オリンピックやワールドカップを体育の大会と呼ぶことには、きっと多くの人が違和感を覚えるはずです。したがって、やはりここで考えなければならないことは、この体育とスポーツがどのように異なっているのかを明確にすることだと言えます。言い換えれば、それは、私たちが体育とスポーツをどのように捉え、どのようなものとして理解しているのかを明確にすることです。

⑶　体育とはなにか？

では、一方の「体育」は、英語で何と表記されるのでしょうか。というよりも、そもそも体育は英語からの翻訳語として日本に定着した用語です。そのもととなった語が、「Physical Education」です。

中学校の英語の授業で「ＰＥ」と習った記憶があるのではないでしょうか。physical という語は、Physics が物理学であることからもわかるように、物的・物理的という意味をもっています。もちろん、私たちの体も物体として存在していますので、そこから派生して、physical は身体的という意味ももっています。つまり、「身体的な教育」を意味する Physical Education を、私たちの先人は体育と翻訳し、それが今日までに定着・普及していったということです。

　ここで重要なことは、体育があくまでも教育＝Education であるという点です。注意が必要かもしれませんが、体育が教育であるのに対して、スポーツは必ずしも教育ではありません。このように述べると、「スポーツも立派な教育だ」という意見がかえってくるかもしれません。たしかに、皆さんのなかにはスポーツを通して成長してきたと感じている人も多いでしょうし、実際に成長してきた人も多くいると思います。しかし、もう少し注意深く考えてみてほしいのですが、それは皆さんのやってきたスポーツ活動がたまたま教育的であっただけで、本来スポーツは、教育とは無関係のはずです。例えば、サッカーのワールドカップは教育でしょうか。また、日本で言えば、プロ野球は教育でしょうか。このような質問がおかしく聞こえるとすれば、やはり純粋なスポーツ活動は、必ずしも教育と結びついているわけではないことがわかるはずです。

　このように体育とスポーツは、一般的に似ているものとして理解されていることが少なくないのですが、厳密にはまったく異なるものです。少し専門的に言うと、体育が教育概念であるのに対して、スポーツは１つの文化概念である、ということになります。つまり、体育は教育の１つの領域であるのに対して、スポーツは文化の１つであるということです。より現実に即して言うと、現在の体育はこのスポーツという文化を教材として、児童・生徒を教育する営みであるということです。この観点から重要なことは、スポーツそのものを教えることが体育の目的ではなく、そのスポーツを使って、あくまでも児童・生徒の身体を教育することが、体育の最大の目的だ

ということです。

第3項　身体を教育するってどういうこと？

⑴　そもそも、身体ってなんだろう？

　ところで、皆さんは「からだ」という言葉を聞いて、どのような
イメージをもつでしょうか。一言で「からだ」といっても、その表
記は多岐にわたります。ひらがな以外にも、「体」や「身体」、また
「肉体」や「身」など、すぐに思いつくものだけでも多くを挙げる
ことができます。そして、気をつけてほしいことは、これらが少し
ずつ異なる意味をもっているということです。では、何がどのよう
に異なっているのでしょうか。

　ここでは、一般的にも多く用いられる「身体」と「肉体」の区別
を簡単に確認してみたいと思います。少し難しい話になりますが、
この区別は、ドイツ語のライプ（Leib）とケルパー（Körper）の区
別からきています。ライプというのは、私たちが実際に生き、さま
ざまな感じを実感しているからだを意味します。これに対して、ケ
ルパーはモノとしてのからだ、特に医学などの対象とされるからだ
を意味しています。この区別の興味深いところは、ライプが実感を
伴う生きたからだを意味するのに対して、ケルパーはモノとしての
からだを意味するため、例えば死体までをも含んでいるという点で
す。この区別に基づいて、もう少しからだについての理解を深めて
みましょう。

　まず、肉体についてです。先ほども述べたように、これは主に自
然科学的な視点から捉えたからだを意味しています。例えば、私た
ちにもなじみのある、身長や体重、体脂肪率や血圧など、数値によ
って表されている私たちのからだの側面が、肉体と呼ばれるもので
す。体育・スポーツの領域では、筋力や肺活量も、からだの肉体的
な側面を計測したものと言えます。

　これに対して身体は、そのように数値では捉えることのできな

い、むしろ実感としてのからだの側面と言えます。この身体の説明が難しいのは、それを数字で示すことができないからだとも言えます。例えば、全力で走っているときに感じるあの心地よさや疲労感だったり、鉄棒で逆上がりをした際に感じるあのふわっとした感覚であったり、そのような何とも言えない感じを実感しているのが、私たちの身体です。大切なので繰り返しますが、この身体は、目で見ることも、数字で測ることもできません。しかし、間違いなく私たちの体育・スポーツ実践を支え、その魅力を感じることを可能としているものだと言えます。

⑵　身体から子どもを変えるということ

　運動している場面に注目してみると、身体の意味がより鮮明にわかってきます。例えば、ボールを蹴ろうとするとき、皆さんは自分の足を見ますか？見ませんよね。恐らく、ボールそのものに集中しているはずです。その瞬間、私たち＜の＞足は、モノとしての肉体ではなく、むしろ＜私そのもの＞になっているのではないでしょうか。これを有名な言い方で表すと、I have a body ではなく、I am a body の状態と表現することもできます。つまり、私たちが何か運動や行為を実践するとき、私たちは身体として実践しているわけです。「＜私の足が＞ボールを蹴る」と言う人はいないと思います。「＜私が＞ボールを蹴る」と私たちが自然に言うことができるのも、私たちが身体であるからにほかなりません。

　このことを、例を用いて考えてみましょう。例えば、改札が１階でホームが２階にある駅の場合、皆さんはどうやってホームまで行くでしょうか。階段、エスカレーター、エレベーターなどが選択肢としてあるでしょう。ここで少し考えてみてほしいのは、どうやってその選択肢から１つの答えを選び取っているのかについてです。「そんなの自分で考えて選んでいるに決まっているじゃないか」という声が聞こえてきそうですが、本当にそうでしょうか。実は、ここには身体が目に見えないことの落とし穴があります。仮に、皆さ

んが階段を自力で上る身体の能力をもっていなかったとしたらどうでしょうか。そのとき、階段という選択肢は、皆さんの中には生まれないはずです。そもそも階段を上ることができない人にとって、階段という選択肢は存在しないわけです。

　この例からわかることは、身体が私たちの思考や判断に、気づかないうちに影響を与えているということです。私たちの思考や判断の幅を決めていると言ってもよいかもしれません。その意味で、私たちの身体は、日頃から思考や判断の基盤として働いていると言えます。そして、この点にこそ、体育で児童・生徒の身体を変えることの必要性を指摘することができます。体育において彼らの身体を変えることは、そのまま彼らの存在全体を変えることにつながっているということです。

　したがって、体育では、さまざまな運動実践を通して、児童・生徒の身体を変えていかなければなりません。その変化は、持久力を高めたり、ジャンプ力を高めたり、またシュートがうまくなったり、跳び箱が跳べるようになったりすることの背景で、目には見えないままなされ続けていることです。つまり、そのような身体教育は１つのスポーツ種目の技能を高度に高めることではありません。そうではなく、例えば、跳び箱＜も＞跳べ、ボールを蹴ること＜も＞でき、そして仲間と協力すること＜も＞できる身体へと変えることです。そうすることによって、児童・生徒に新しい世界を体験させ、彼らの思考や判断の幅＝可能性を広げていくことが必要です。そのためにも、安全への配慮を十分にしつつ、それが過度にならないようにしながら、多様な体験の場を用意することが重要です。それこそが、いま求められる身体教育であると言えます。

第2節　身体観を育てる必要性

第1項　身体観の現状

⑴　身体観とはなにか？

　前節では、そもそも身体教育とは一体何なのかを考えました。それを踏まえて、本節では、これまで体育・スポーツの世界で語られてきた一般的な内容とは少し異なった視点から、身体教育の必要性を考えていきます。これまでの体育にかかわる議論は、主にその中心的教材であるスポーツの教育的価値を重視してきました。しかし、前節で指摘したように、体育は身体教育として、スポーツそのものを教えるのではなく、児童・生徒の身体を育てることを第1に考えなければなりません。したがって、ここではスポーツよりも身体そのものをターゲットにしていきます。

　そこでキーワードとなるのが、「身体観」という用語です。多くの人にとっては、あまり聞いたことのない言葉かもしれません。似たような言葉としては、価値観という語がよく使われていると思います。この価値観を使って身体観を説明すると、それは、私たちが自分の身体や他人の身体に対してもっている価値観、と言うことができます。つまり、私たちが身体をどのように捉えているのかという、その捉え方が身体観なのです。

　この身体観は、身体教育と密接に関係しています。例えば、体育教師がもつ身体観は、その教師が行う体育授業に少なからず影響を与えるでしょうし、また児童・生徒の保護者がもつ身体観も、体育授業や運動部活動に対する期待に影響すると考えられます。さらに広く考えると、私たちの社会がどのような身体観をもっているのかも、現代にどのような体育が必要なのかを考える際に、重要な意味をもつと考えられます。例えば、第1節で見たように、戦時中は強くたくましい身体を育てることが体育に求められていましたが、それはまさに、そのような身体が望ましいという価値観、すなわち身

体観を当時の社会がもっていたからにほかなりません。さらに言えば、このことからもわかるように、身体観は単に私たちのからだにかかわるだけでなく、むしろ人間をどのように捉えるか、という問題にもつながっています。

⑵　なぜ、身体観が問題なのか？：売りモノとしての身体

　この身体観については、児童・生徒を含めた現代人のそれが、最近どうもおかしいという指摘が盛んになされてきました。つまり、皆さんの身体観がおかしいですよ、という指摘がなされているわけです。このことについて、3つの例を挙げて考えてみましょう。

①　モデル

　1つ目は、雑誌や広告に登場するモデルの例です。モデルと一言で言ってもさまざまなジャンルがありますが、ここでは問題をわかりやすくするために、特に女性向けのファッション雑誌やファッションショーに登場するモデルについて考えてみましょう。そのようなモデルと聞くと、例外なく、いわゆる＜スタイルのよい＞人たちが想像されます。まず注意が必要なのは、この＜スタイルがよい＞という言う場合の＜よい＞の基準が、まさに私たちの身体観を反映しているということです。つまり、どのようなスタイルを＜よい＞と捉えているのかが、そこでは無意識のうちに示されているわけです。

　特に問題として考えなければならないことは、現代人のあいだで＜よい＞と捉えられている体形が、極端なものに偏っている点です。例えば、若い女性のあいだであまりにも細い体形に対する憧れが広まっていたりします。従来、このような身体観は、若者のあいだで拒食症が広まってしまう一因とも考えられてきました。また、最近ではこの＜よい＞とされる体形がより細分化され、例えば男性については「細マッチョ」という表現まで現れるようになっています。これらのことが、私たちの身体観にどのような影響を与えているのかについて、一度考えてみる必要があるでしょう。

② スポーツ選手

　2つ目の例は、スポーツ選手です。なぜモデルとスポーツ選手が並ぶのかと不思議に思うかもしれませんが、この両者には、身体観にかかわって共通する点があります。それは、自身の身体を、1つの売りモノとして生計を立てているという点です。例えば、モデルの中には、ファッションショーに登場して全身を見せるモデルだけでなく、脚や腕専門のモデルも存在します。そのようなモデルは、まさに見栄えのする美しい脚や腕を、ある意味ではつくり、その状態を保ち、それを見せることを商品として売っているわけです。もちろん、それには相当の努力が必要とされます。私が以前聞いた話では、脚専門のモデルは自動車の運転をしないそうです。なぜなら、アクセルやブレーキを片方の脚で踏みつづけることによって、左右の太さのバランスが崩れることを避けなければならないからです。このような身体にかかわる努力は、スポーツ選手にも共通しています。

　皆さんもご存知のように、プロスポーツの選手は、日々の厳しいトレーニングにはじまり、ケガを予防するためのストレッチやマッサージ、さらには試合に向けたコンディショニングとして毎日の食事や睡眠時間等まで、細かく管理されるようになっています。それは何のためかと言えば、もちろん、試合で最高の身体的なパフォーマンスを発揮するためです。モデルと少しかたちは異なりますが、やはりスポーツ選手も、自らの身体を商品として売り、その対価として金銭を受け取っているわけです。さらに言えば、トップアスリートの中には、自らの脚に数億円の保険金をかけている人もいるようです。これはまさに、自らのからだをモノとして扱っている例と言えるでしょう。

③ 援助交際

　このように、私たちの身の回りには、自らの身体を売りモノとして扱う身体観が、実はありふれています。しかし、この身体観は、一歩間違うと危険な方向に私たちを導いていく可能性があります。

そのことを示す例が、ここで3つ目に挙げる援助交際です。皆さんも、一度はこの援助交際について聞いたことがあると思います。簡単に言えば、援助交際とは、金品と引き換えにからだを売る、いわゆる買（売）春行為のことです。もちろん、これ自体が法律や道徳の観点から見て許されないことは言うまでもありませんが、ここではあくまでも、身体観の問題としてこのことを考えてみます。

　援助交際を行った、特に女子高校生から多く聞かれた意見は、「私のからだを私の好きに使って何が悪いの？」というものでした。ここでもやはり、からだは売りモノとして捉えられています。彼女たちの言い分としては、誰にも迷惑をかけていないし、誰かにケガをさせたわけでもないし、ただ自分のからだと時間を使ってお金を稼いだだけだと言うのです。つまり、彼女たちにとっては、援助交際はほかのバイトと同じ感覚で行われていたわけです。このような考え方を前にして、皆さんであればどのように答えるでしょうか。その答えももちろん重要ですが、それと同時に大切なことは、そのような考えを普通だと考えてしまう彼女たちの身体観に目を向けることです。つまり、なぜ彼女たちは自らのからだを売りモノとして扱うことに抵抗がないのか（なくなってしまったのか）を考えることが重要なのです。

　先にも述べたように、このような身体観の問題は、からだの問題だけで収まるものではありません。例えば、一昔前、「なぜひとを殺してはいけないのか」という若者の問いが、社会をにぎわせたことがあります[3]。これに関連して、「なぜ自殺してはいけないのか」という問いも考えられます。おそらく多くの読者の皆さんは、これらの問いや援助交際の例に対して、「そんなものはダメに決まっている」と直観的に思い、そう考えることができるでしょう。そして、ここが重要なのですが、そのような皆さんの直観を支えているのが、皆さん自身の身体観なのです。それは言葉で説明するまでもないこととして、普段私たちに意識されることがほとんどありません。しかし、私たちのその直観的な感覚を支えている身体観に目を

向けなければ、ある意味で異常な身体観がどうして生まれてしまうのかを考えることはできません。まただからこそ、私たちが当たり前だと思っている身体観を確実に育んでいくことも、体育の重要な役割だと言えます。

第2項　身体観はどのようにして形成されるのか

なぜ偏った身体観をもつようになってしまうのかを考えるために、本項では、身体観がどのように形成されるのかを検討します。私たちの身体観がどのように形成されるかについて、滝沢はその要因を4つ挙げています（**表1-1**）。ここでは、それぞれの内容を解説してみたいと思います。

⑴　身体的な実感の影響：動物園でのある児童の例から

私たちが自らの身体観を形成する際に、最も根本にあると考えられるのが身体的な実感です。この実感がどれほど重要かを理解するために、1つの具体例を挙げます。それは、私が仲間の小学校教員から聞いた、小学校低学年のある児童の話です。

ある日、その先生は小学生を連れて動物園に遠足に行ったそうです。その動物園には、児童がウサギやモルモットなどの小動物と実際に触れ合える場があり、そこを利用したときに、事件は起こりました。自由時間になると、児童たちは喜んで小動物のところへ走っていき、ある児童は抱っこをしたり、またある児童はおそるおそる

表1-1　身体観の成立要因（滝沢2005を参考に筆者が作成）[4]

1	身体的事象の感情的理解（実感：痛み・快感）
2	身体的事象の行動的理解（対他身体の自覚）
3	身体的事象の理性的理解（身体の数値化）
4	マスコミの影響力（身体の商品化・規格化）

撫でたりしていました。そのとき、1人の児童がほかの児童と同じように1匹のモルモットを抱え上げました。先生によると、その抱え上げ方も少し粗雑な感じがしたそうですが、問題はその直後に起きました。その児童は、モルモットを雑に抱き上げた瞬間、パッと手をはなし、地面に落としたのです。驚いた先生が駆け寄り、なぜそのようなことをしたのか児童に聴くと、その児童は次のように答えたそうです。「だって、温かくて、グニャってして気持ちわるかったんだもん。」この答えについて、皆さんは何を思い、どのように考えるでしょうか。

　この例が衝撃的なのは、その児童にとってモルモットが生きものであり、生きものには体温があるということを実感として知らなかったと考えられる点です。このような事柄は、もちろん知識として学ぶこともできますが、私たちはむしろ、家族や友人と触れ合う中で自然と身につけてきたのではないでしょうか。より厳密に言うと、「生きものは体温をもっていて温かい」という知識を本当に理解するためには、それ以前にそのことを身体的な実感として経験していなければならないはずです。私たちと同じように生きものが温かく柔らかいことを、その児童は実感としてもっていなかったのであり、それだけでなく、それを気持ちわるいと感じてしまう感覚をもっていたということは、身体観の異常なあり方を表す1つの例と言えるでしょう。

　人の皮膚が柔らかいことや、それを硬いモノにぶつければ痛みが生じケガをすることなどは、知識として理解する以前に、身体的な実感として体験し、覚えているべきものです。そして、その身体的な実感が現実の感覚であるならば、この例に見られた異常な身体観は、その児童の日常生活が現実から離れてしまっていることに原因があるのかもしれません。ここからもわかるように、子どもにとってさまざまな体験が重要な理由は、決して心の豊かさのためだけではなく、むしろ、それを支える身体的な実感を豊かにするためだと言えます。

⑵ 他者から見られているという意識：ダイエットの不自然さ

　身体観は、他者から見られていることを意識するようになることで、変わっていきます。これは、人間の成長過程において正常なことです。例えば、家でくつろいでいるときと電車に乗っているときとでは、私たちの座り方などの振る舞いやしぐさは、きっと異なっているはずです。なぜそのような区別ができるのかといえば、それは一般的に社会性と呼ばれるものを私たちが身につけているからです。その社会性とは、他者から見られているという意識によって支えられています。例えば、電車のなかで着替える人はいないように、私たちは他者の目を気にして行動することができるようになっているわけです。少し付け加えると、以前、電車の中でメークをするのはマナー違反かという議論が盛んになされたことがありましたが、これもまさに、他者に見られているという意識をどのように捉えるかにかかわった問題だと言えます。

　しかし、この他者の目を気にするということが行き過ぎたとき、それは極めて危険な状態になることがあります。その１つの例が、過度のダイエットです。若い女性を中心に、ダイエットはいつの時代も大きな関心事として存在しています。しかし、なかにはそこまでダイエットを必要としているとは思えないからだの人までも、ダイエットを行なっている場合が見られます。そもそも、なぜダイエットをするのかといえば、それはほかでもなく、他者から見た自分のからだ、特にその外形を意識しているからです。つまり、他者に太っていると思われているかもしれない、という行き過ぎた意識が、過度なダイエットの背景には隠れているということです。

　このように、他者から見られているという意識も、私たちの身体観を形成しています。これに関して、１つ注意すべき点があります。それは、他者からの視線を、いつのまにか自分が自分自身に課しているノルマだと錯覚することがあるという問題です。ダイエットの例で言えば、はじめは周りからの視線が気になってやっていたダイエットが、いつの間にかダイエットすることが目的になってしま

い、とにかくダイエットのことしか考えられなくなることがあります。このような状態が問題であることは言うまでもありませんが、それと同時に考えたいことは、どうしたらそのような状態に陥らないでいられるのかという点です。

⑶　からだの数値化：健康診断の功罪

　からだを数値で捉えることが、私たちの身体観にどれほど影響を与えているかを確認するためには、次の質問について考えることが有効です。それは、「皆さん自身のからだについて説明してください」という問いです。この問いに対して、皆さんはどのように説明するでしょうか。おそらく多くの人は、まず身長や体重を思い浮かべるのではないでしょうか。また、体脂肪率や血圧を思い浮かべる人もいるかもしれません。これらはすべて、私たちのからだを数値によって測定したものです。このように、私たちは自らのからだを、数値によって捉えることに慣れていると言えます。このことを最も象徴しているのが、健康診断というイベントです。

　現代の日本に生きている私たちは、生まれたときから、厳密には母親の胎内にいるときから、数え切れないほどの健康診断を受けています。この診断は、私たちのからだをさまざまな尺度で数値化することによってなされています。したがって、前節で見たように、健康診断で測られているからだは、肉体の側面ということになります。もちろん、この肉体の側面を医学の視点から捉え、さまざまな疾病を発見したり予防したりすることは、私たちが健康に生きるために重要なことです。しかし、身体観のことを考える場合、私たちの自らのからだに対する理解は、あまりに数値的なものに偏ってはいないでしょうか。

　この偏りは、次の例からもよくわかります。例えば、私たちは自らのからだについて、その長さ（身長）や重さ（体重）をよく知っています。また、からだの中で脂肪が占める割合（体脂肪率）や心臓がどれほどの強さで血液を送り出しているか（血圧）についても

知っています。しかし、逆に言えば、このような数値を用いた説明以外に、自らのからだについてどれほど多くを語ることができるでしょうか。先ほども述べたように、私たちの身体が感じている事柄には、数値で表せないことが数多くあります。そのことを忘れさせるくらい、からだを数値化して捉える身体観は私たちに浸透していると言えるかもしれません。そして、最も注意すべき問題は、そのような数値による理解で満足してしまい、結果として、自らの生きた身体によってさまざまなことを感じる力（感受性）が乏しくなっていくことです。機械に頼らなければ生きていけない私たち現代人の生活は、この感受性をますます貧困にしているのではないでしょうか。

⑷　メディアの影響力：シャンプーのＣＭの威力

　私たちの身体観の形成に影響を与えているものの中で、今日では最も大きな要因と考えられるのが、メディアの影響力です。改めて言うまでもなく、現在の高度に情報化した社会では、メディアが大きな影響力をもっています。特に、携帯電話・スマートフォンの普及によって、メディアが発する情報を、私たちは指１本で、手の中で、いつでもどこででも、まさに＜手に入れる＞ことができるようになりました。

　この身近なメディアがどのように身体観の形成に影響を与えているのでしょうか。このことを考えるために、ここでは、シャンプーのＣＭを例に考えてみます。まずは、皆さんがこれまでに見たことのあるシャンプーのＣＭをいくつか思い出してみてください。そして、そこにどのような共通点があるかを考えてみてほしいのです。すると、おそらく次のような共通の特徴が浮かび上がってくるはずです。例えば、女性が登場し、その女性はなぜか皆長い髪で、しかも驚くほど艶のある髪をなびかせている、といったような特徴です。私の経験では、この特徴は日本だけでなく、ヨーロッパやアメリカを中心に世界中で見られるものです。では、このような特徴を

もつCMが、私たちの身体観に一体どのような影響を与えるのでしょうか。

　その影響を一言で言うと、それは、そのような特徴が女性の＜理想＞である、という身体観を生み出してしまうということです。これは、一見問題がなさそうに思えるかもしれませんが、場合によっては大きな問題になる可能性があります。注意すべき点は、その＜理想＞が、いつの間にか＜よいこと＞に変わってしまうことです。例えば、女性の髪は艶があることが＜よいこと＞とされると、それは同時に、艶のない髪を＜よくないこと＞と見てしまう身体観を私たちがもつことになります。このことは、前項で見たモデルの場合も同じです。モデルのような細いからだを＜理想＝よいこと＞と捉えてしまうと、それ以外の体型は＜よくないこと＞になるしかなくなってしまうのです。

　メディアによって形成されるこのような身体観も、やはり好ましくない身体観のあり方であると言えます。特に、そこでは＜よい＞の基準が１つに限定される傾向があるため、それ以外の基準やあり方は排除されることになります。しかし、本来私たちの身体は、それこそ個性そのもののような存在のはずです。同じ身体は１つとしてありませんし、私たちは平均80年以上の人生を自分の＜この身体＞で生きていくしかないのです。したがって、そのような多様性を否定するような身体観には、十分な注意が必要です。特に注意すべきことは、メディアは私たちが自覚するはるか以前から、すでに私たちの身体観に影響を与え続けているという点です。

第3節 これからの体育を考える：
身体観をどのように育むか

第1項 体育・スポーツと身体観の関係

(1) これまでの体育授業における身体観

　前節では、私たちの身体観がどのように形成されているのかについて、その成立要因を確認しました。それを踏まえて、本節では、体育で身体観をどのように育んでいくべきなのかを考えていきます。その前提として、まずはこれまでの体育がどのような身体観を育んできたのかを、本項で確認していきましょう。

　はじめに注目したいのは、現在の体育の中心がスポーツ教材であるという点です。特に、中学校や高等学校においては、体育授業のほとんどがスポーツ種目で占められています。このことは、皆さんの過去の経験を振り返ってもらえればわかると思います。さらに言うと、そのような現状の結果、本章の初めに述べた体育とスポーツの混同が起こってしまっているとも考えられます。いずれにしても、今日の体育授業の中心的内容は、スポーツであるということです。したがって、ここでは論点をわかりやすくするために、スポーツがどのような身体観を形成してきたのかを検討することにします。

　体育授業の内容の多くを占めるスポーツにおいて、児童・生徒は自らの身体能力を、特にそのスポーツ種目に特有の技能を高めることを目指し、さまざまな課題に取り組んでいきます。そして、その活動において重要なことは、今の自分の能力を、少しでも向上させることにあります。きっと皆さんも体育の授業で、「真面目にしっかりと取り組みなさい」と言われたことはあっても、「今のあなたの能力で十分ですよ」と言われたことはないのではないでしょうか。そのような体育授業の背景には、スポーツそのものがもつ1つの特徴があります。それは、「より速く、より高く、より強く」と

いう基本的な精神です。つまり、スポーツは本来、自己の限界を超えていくことを求める活動であるということです。

　身体観の問題を考える際に注目したいのは、この標語の「より強く」という表現です。これをからだという視点から捉え直すと、それは単に試合において他者に勝つということではなく、むしろ、自らの肉体的な限界を超えるために必要とされる能力として理解することができます。それらは一般的に、忍耐力や我慢強さ、さらには根性と呼ばれてきたものです。言い換えると、それは練習やトレーニングに伴う痛みや苦しみに耐えることができる能力だと言えます。スポーツで少しでも技能を上達させようと思えば、たしかにハードなトレーニングが必要となります。

⑵　スポーツが育てる＜強い＞身体の課題

　ここで考えなければならないことは、そのようなスポーツが、一体どのような身体観を育てているのかという点です。この身体観については、次の２つの事柄を指摘することができます。

　１つは、ハードな練習やトレーニングに耐えることのできる、＜強い＞身体が求められるという点です。特に競技スポーツにのめり込んだ経験のある人であれば誰もが経験しているように、自らの身体的能力の限界を超えるための練習やトレーニングは、しばしば痛みや苦しみを伴います。そのため、スポーツにおいて頑張ることとは、そのような痛みや苦しみに耐えることと重なっていることになります。つまり、スポーツはそのような＜強い＞身体を＜よいもの＞として捉える傾向を生み出していると考えられるわけです。

　そのようなスポーツで育まれる＜強い＞身体は、スポーツにおいては＜よいもの＞とされる一方で、ほかの場面では必ずしもよいわけではない可能性があります。これが２つ目の論点なのですが、例えば、痛みや苦しさに対する＜強さ＞は、我慢強さや根性として評価される一方で、自分自身や仲間に起きている細かな変化に鈍感になることであるとは言えないでしょうか。このことについて、尹は

柔道部での経験から、ハードなトレーニングを重ねていくことで、「そのうちわかってきたのは、術理ではなく、痛みに対し鈍感にならないと要求されている強さめいたものは得られないということだった」と述べています[5]。さらに彼は、このような特徴は「柔道に限らず、体育会系にわりと共通している文化」だとし、「なぜだか体の鍛錬が、どんどん感覚を鈍らせる方向に進んでいってしまう」という問題を指摘しています[6]。

　この尹の指摘に見られるように、スポーツにおいて＜強い＞からだを理想とする身体観は、１つの課題を提起します。すなわち、スポーツする＜強い＞身体は、自己の身体や他者の身体に対する感受性を失っていく可能性を有しているということです。このことから示唆されるように、身体教育としての体育授業では、スポーツする＜強い＞身体の育成だけではなく、むしろ、自己や他者の身体を繊細に感じとることのできる身体の育成が必要とされると言えます。

第２項　体育の未来に向けて

⑴　体ほぐしの運動の可能性

　ここでは、スポーツが理想とする＜強い＞身体を変えていく１つの現実的な可能性として、体ほぐしの運動を取り上げます。体ほぐしの運動に着目する理由は、体育の授業にそれが導入された背景を見てみると、理解しやすいと思います。

　これまでの体育やスポーツが育んできた＜強い＞身体に対して、その＜強さ＞だけでは児童・生徒の成長に十分ではないという認識が、体ほぐしの運動が誕生した背景にはあります。体ほぐしの運動を先導してきた村田は、「友達との触れ合いや関わり合いなど交流の形態」をその特徴として挙げ、「そこに、自分の体や他者の体への気付き」が生まれてくることを指摘しています[7]。この指摘が重要な理由は、このような自らや他者の身体へのまなざしが、これまでのスポーツ教材には欠けていたからです。スポーツ教材では、ど

うしてもそれぞれの種目の技能に目がいってしまい、体育教師は児童・生徒の技能の高低に、また児童・生徒も競争における勝ち負けに、それぞれの関心を向けてしまいがちです。その結果、本来それらの技能を支えている児童・生徒の身体に、十分な注意が向けられてこなかったわけです。体ほぐしの運動の導入には、このような問題意識があったと言えます。

　体ほぐしの運動は、具体的にどのような活動を行うのでしょうか。その内容を確認することによって、それが身体観の育成にどのような可能性をもっているかを明らかにしたいと思います。例えば、体ほぐしの運動でよく行われる活動に、「背中合わせでの活動」[8]があります。そこでは、ペアを組んだ児童・生徒が「背中合わせで立ったり座ったり」といった活動を実践し、さらには「背中合わせでもたれて移動」したりします[9]。一見すると大した活動ではないように思えますが、この実践において、私たちの身体は他者の身体と、言葉ではない身体のレヴェルで対話を行なうことになります。「対話？」と思った人がいるかもしれません。身体で対話するとは、一体どういうことなのでしょうか。

　瀧澤は、言葉を介さないそのような身体的なやりとりを「身体的対話」[10]と表現しています。彼によれば、この身体的対話の実践では、どれだけ多様に他者に働きかけることができるのかということと、どれだけ注意深くその応答をうけとることができるか、という２つの点が重要になります[11]。つまり、背中合わせの活動においては、相手の体格や体重、力の入れ具合やその方向などを、頭ではなく身体で感じとることが必要だということです。それができなければ、ペアとともに立ったり、座ったり、もちろん移動したりすることは、うまく実践できません。そこで重要なことは、そのようにして他者の身体を感じとることであり、それは私たちがスポーツを通して＜強い＞身体を培っていくこととは異なった方向性をもっているということです。

　このように体ほぐしの運動を捉えると、スポーツの場面で求めら

れる＜強さ＞ではなく、むしろ快感や痛みを通して、自らや他者の身体に敏感な、豊かな感受性を有した身体のあり方が見えてきます。言い換えれば、これまでの体育にはなかった身体観を育成する可能性を、体ほぐしの運動に指摘することができるということです。残念ながら、体ほぐしの運動は体育授業への導入から10年以上が経過し、必ずしもその成果を十分に挙げられているとは言えません。しかし、そのような現状を打破する1つの可能性は、ここで述べてきたような新しい身体観を身につけ、結果的に体ほぐしの運動に対する見方や評価が変わっていくという展望のなかに、見出すことができるのではないでしょうか。

⑵ 体育の敗北を乗り越えるために：フィットネスジム人気が意味すること

　ここまで述べてきたように、児童・生徒の身体観の問題は、これまで決して十分に議論されてきたわけではないものの、体育を充実させるためには不可欠の事柄であると言えます。本章の最後に、この視点から、これからの体育の方向性を考えてみたいと思います。そのために皆さんに向き合ってほしいのは、私が＜体育の敗北＞と呼んでいる現象です。

　＜体育の敗北＞と私が呼ぶ現象とは、昨今のトレーニングジムやフィットネスクラブの流行のことです。特に、高額の会費を支払い、トレーニングのメニューから毎日の食事の内容に至るまで、トレーナーに詳細に管理してもらい、自らの体型の変化や体重の減量を行なうことが、近年高い人気を集めています。この人気に対して、私は1人の体育教師として、強い違和感を禁じえません。なぜなら、日本では小学校から高等学校や大学まで多くの人が、体育、すなわち身体教育を受けてきたにもかかわらず、そのようなフィットネスクラブやジムに行って他人に管理してもらわなければ自らの身体を管理できないという状況は、まさに＜体育の敗北＞と呼ぶにふさわしいからです。つまり、私たち体育教師は、1人の児童・生徒に対

して計10年以上体育を実践させているにもかかわらず、その児童・生徒は自らの身体を管理することができないという現状を、反省とともに見つめ直す必要があります。それは、本章でも述べたように、例えばスポーツに偏った授業内容を見直すことであったり、またスポーツが求める＜強い＞身体の育成だけでなく、より多様な可能性をもった身体の育成に目を向けることであったりするでしょう。

　このような事柄に着目し、身体教育としての体育授業が、本当は何をなすべきなのかを考える必要があります。それは例えば、言葉のやり取りによるコミュニケーションを重視している現在の体育授業のあり方を見直し、むしろ身体的なコミュニケーションの育成を目指す方向性を探ることかもしれません。また、協力や力を合わせるといった事柄を、単にこころの問題ではなく、しっかりと身体に根付いた実感を伴った行為として捉えることかもしれません。いずれにしても、児童・生徒のこころだけでなく、また肉体だけでもなく、真に身体を育てるための体育を探求し続けなければならないと言えるでしょう。

引用文献

1 ）佐藤臣彦（1993）『身体教育を哲学する―体育哲学叙説―』北樹出版　p.48

2 ）室星隆吾（1988）体錬科の登場．成田成十郎編『スポーツと教育の歴史』不昧堂出版　p.114

3 ）小浜逸郎（2000）『なぜ人を殺してはいけないのか―新しい倫理学のために―』洋泉社　pp.169-186

4 ）滝沢文雄（1988）「身体観の生成過程（その 1 ―身体観の成立要因およびそれについての質問紙―）」『体育・スポーツ哲学研究』27-1　pp.67-68

5 ）尹雄大（2014）『体の知性を取り戻す』講談社　p.60

6 ）同上書　p.60

7 ）村田芳子編著（2001）『「体ほぐし」が拓く世界―子どもの心と体が変わるとき―』光文書院　p.166

8 ）村田芳子ほか編（2001）『「体ほぐしの運動」活動アイデア集』教育出版　p.28

9）同上書　p.28
10）瀧澤文雄（1995）『身体の論理』不昧堂出版　p.193
11）同上書　p.194

参考文献
1 ）遠藤卓郎ほか（2009）『体育の見方、変えてみませんか―小学校の先生へのメッセージ―』学習研究社
2 ）三浦雅士（1994）『身体の零度―何が近代を成立させたか―』講談社
3 ）野村一夫ほか（2003）『健康ブームを読み解く』青弓社

II　スポーツってなんだろう？

Ⅱ　スポーツってなんだろう？

第1節　スポーツがもつ意味

第1項　スポーツは文化である

⑴　そもそもスポーツってなんだ？

　第1章を振り返ってみると、スポーツと体育は区別して考えられることがわかりました。体育は「教育の1つの領域」であって、スポーツは「1つの文化概念」であるという指摘です。第1章のなかで、体育とはスポーツという文化を教材として、児童・生徒の身体を教育する営みであると説明されています。では、体育を説明するときに使われた、1つの文化としてのスポーツとは一体どのようなことを意味するのでしょうか。

　そもそもスポーツには、その種目ごとにそれぞれの発祥（起こり）があり、原型があります。スポーツは長い時間をかけて発展してきた歴史があります。現在実施されているスポーツは、ルール・得点・時間などが整備されることにより発展してきました。私たちはこうした歴史があるおかげで、言葉が通じない人とでも、スポーツを通じて楽しいひとときを過ごすことができます。なぜならば、スポーツにルール・得点・時間などが整備されたことは、言葉が違っても、体格が違っても、年齢が違っても、肌の色が違っても、世界中の人と同じスポーツをすることを可能にしたと考えられるからです。このように考えてみますと、皆さんがいつでも楽しめるように発展してきたスポーツは「1つの文化」だと考えられるのではないでしょうか。

　さて、ここで注意しておかなくてはならないことがあります。たしかにスポーツは長い時間をかけて現在の形態になりました。例えば、現在でいうところのサッカーは、当然サッカーという形態のス

第1節　スポーツがもつ意味　　33

ポーツと考えられます。それ自体は何ら変哲のない事実です。しか
し、私たちが現在サッカーと呼んでいるスポーツは、発祥（起こり）
の時点からサッカー＝スポーツと認識されてきたわけではありませ
ん。

　サッカーに限っていえば、そのルーツは諸説ありますが、8世紀
頃イギリスで行われたモブ・フットボールがサッカーの原型として
有力です。さらに、サッカーの原型であるモブ・フットボールはフ
ットボールと呼ばれていたことに着目すると、そのルーツを辿るな
かで古代メソポタミアまで遡るという途方もない歴史を紐解くこと
になります。こうした歴史的事実を踏まえますと、私たちが現在ス・
ポーツと呼んでいるものは、スポーツという言葉がない時代からス・
ポーツのようなものとして人間の生活と密接に関係していたことを
示唆します。これからそもそもスポーツってなんだ？ということを
学ぶ皆さんには、自分が知っているスポーツの認識を一度リセット
してから読み進めてほしいと思います。

(2)　文化としてのスポーツ

　ここでは私たちの生活に密接に関係する、文化としてのスポーツ
を考えます。文化とは、一般的に人間が後天的に獲得し、学習によ
って後世の時代に継承する人間活動のすべてであると言われます。
私たち人間は、狩猟などをして生活していたころ、速く走ることや
高く跳べることが必要でしたし、ものを遠くに投げることを必要と
していました。それは獲物を捕えるためということも理由のひとつ
ですが、なにより身体そのものを動かすこと、すなわち身体活動な
くしては生活が成り立ちませんでした。さらに人間は、どのように
すればよりよく獲物を獲得できるのかその知恵を後世に伝えてきま
した。こうして人間の身体活動が後世に伝えられてきたからこそ、
スポーツも文化的に発展することができたのです。

　それでは、現在のスポーツはどのようなものであるのか考えてみ
ましょう。スポーツもまた、人間が「走る」「跳ぶ」「投げる」とい

った身体活動を複雑に組み合わせて実践していると考えられます。私たちはサッカーにせよ、野球にせよ、バスケットボールにせよ、それぞれのスポーツの特性にあった身体活動を実践することができます。それはまさに獲物が得点や的などに置き換わっただけで、人間の本質的な身体運動の考え方は変わらないように思います。さらに、こうした現在のスポーツはときに歴史として語られ、ときに政治に影響を与え、さらには芸術だと感じ、教育にも関わるなど、さまざまな領域へ影響を与えていることを考えれば、非常に大きな影響力を持つ文化装置だということができるでしょう。

　文化としてのスポーツと私たちの関わり方は、単にスポーツを「する」ことに限りません。いまではスポーツを「みる」こと、大会運営などを通して「支える」こと、そして文化としてのスポーツ自体を「調べる」ことなど、関わり方も多様化しているのです。

第2項　スポーツは、人類共通の文化である？

(1)　日本の法律はスポーツを認めている？

　我が国では平成23（2011）年に、スポーツ基本法が公布されました。この一文は「スポーツは、世界共通の人類の文化である」と始まります。少なくとも我が国は、スポーツが地球に生きる人類共通の文化であることを世界に向けて主張したことになります。ここでは、スポーツ基本法で定められているスポーツの定義を少し噛み砕きながら確認してみましょう。

　スポーツ基本法にみるスポーツは、心と身体を健全な発達に導くものであるとされます。適度な運動習慣を子どものころから身につけておくことは人生の質（quality of life＝ＱＯＬ）を高めることになります。この意味で、義務教育段階にある子どもたちが体育を通じて身体活動やスポーツを行うことは理に適うことだと言えるでしょう。

　さらに、スポーツの説明は健康と体力を保持増進すると続きま

す。例えば、体力の衰えが著しい年齢に差し掛かったひとは、スポーツの実施が推奨されます。それは皆さんが保健体育の授業で習ってきたとおり、適度なスポーツの実施によって健康が保持増進することに基づいているのです。

　スポーツの実施が精神を充分に満たす充足感を獲得すること、自分の行為をコントロールする自律心や、その他精神の涵養（養い育てること）のために行われることについては、まさにスポーツ教育が徳育として児童・生徒の心を育てようとしていることに繋がります。例えば、オリンピック教育におけるフェアプレイ教育では、児童・生徒がフェアな行為をすることを目指し、フェアな行動を起こそうとする心に焦点を当てた教育が行われています。こうしてみると、スポーツの実施がどのように考えられているのか少し具体的に理解できるのではないでしょうか。

　また、スポーツの実施は学校のなかに限られたものではありません。スポーツ基本法のなかでは、個人または集団で行われる運動競技や身体活動であると謳われています。これは部活動やクラブ活動、さらには放課後に遊ぶといった身体活動すべてが含まれていると考えてよいでしょう。

　スポーツは今日、国民が生涯にわたって心身ともに健康で、文化的な生活を営む上で不可欠のものとなっていると述べられます。まさにこれは、人間が文化的な生活を営むためにスポーツが欠かせないものだと謳っているのであり、私たち人間の生活に密接に関係していることを指摘していると考えられます。

(2)　スポーツと健康の逸話

　スポーツは健康に対して有効な作用があるとしばしば主張されます。皆さんも知っているように、健康とスポーツは同じカテゴリーで話されます。例えば、運動不足のひとが週何回以上の運動をしなさいと指導されていることや、週に何分以上のスポーツを実施しなさいと診断される風景を想像することは簡単です。それだけ、私た

ちの生活ではスポーツと健康が同列に語られています。

　甚大な災害被害のあった地域では、長期の避難生活のゆえにその場を離れることもままならず、ほとんど寝たきり生活のような状況がありました。そのような住居者に対して、年配の方も楽しめるようなスポーツやみんなでできる体操が実施されました。すると、避難生活をしていた住民はみるみる活気に満ちていったという報告があります。アンケート調査によると、スポーツを実施することで連帯感を覚えたという報告や、身体を動かすことができる喜び、そしてなにより爽快感があったと報告されたことがわかります。スポーツを実施することは人間の心身に対して良い影響を与えることが明らかにされています。

　また、サッカー日本女子代表がＦＩＦＡ女子ワールドカップドイツ2011大会で優勝に輝いたときは、東日本大震災（2011年３月11日）の被災地復興や支援活動をする我が国の国民に対して大きな希望と勇気を与えてくれました。政府は競技自体の偉業であることはもちろん、スポーツの力が個人や社会に大きな影響を与えたとして、なでしこジャパンに国民栄誉賞を贈っています。「がんばろう日本」という合言葉とともに、スポーツは落ち込む国民を元気にすることができることを認められた瞬間でもありました。

　このように、スポーツが社会にも大きな影響力をもつ文化装置ということは紛れもない事実です。

第３項　スポーツはどこに向かうのか？

(1)　スポーツがもつ影響力の行方

　これまで見てきたように、スポーツは私たちの生活に大きな影響を及ぼします。その影響力は、ときに社会を良い方向へ動かすこともありますが、残念ながら全てが良い方向にいくとは限りません。

　スポーツは、常に私たちの生活と密接に関わりながら、形の無いものとして存在しています。おそらく皆さんが求めるならば、スポ

ーツや競技という言葉を聞かない日はないと思います。それだけ私たちの生活に浸透しているわけですから、皆さんはスポーツの嫌な部分を見ることもあると思います。おそらく、体育会系と言われるような競技の世界に身を置いていた人や、近くで見ていた人は、スポーツで嫌な経験をすることがあったかもしれません。

　それでは、なぜこのような事態が起こるのか考えてみましょう。そのヒントはスポーツと競技スポーツの違いを考えることにあります。両者の違いは「遊戯性」と「競技性」という観点からみることで、より鮮明にすることができます[1]。

　一般的に、スポーツは楽しもうとするような遊戯性と、ライバルに負けまいと臨むような競技性のバランスをほどよく保っています。もし、そのスポーツが遊戯性か競技性のどちらかに偏ってしまうならば、ルールなど度外視で遊び呆けることに徹するか、競争を指向して勝利の追求に徹するか、結果的に極端などちらかになると考えられます。皆さんはこうした極端なスポーツに気軽に参加したいと思うでしょうか？スポーツとは、遊戯性や競争性どちらかに偏らないことで、ほどよく楽しめるスポーツとして実施することができるのです。

　また、スポーツにおける競争の目的は勝利や成功であると言われています[2]。この点では、スポーツであっても競技スポーツであっても、競争による勝利や成功を目指して取り組んでいることに変わりはありません。しかし、スポーツと競技スポーツには決定的に異なる点があります。それは、競技スポーツが競技性に偏っていることです。もちろん、それはアスリートがスポーツを楽しんでいないということではありません。ただ、「勝利」という目標に固執するがゆえに、遊戯性と競技性のバランスが欠けてしまうことがあるのです。

　このような競技スポーツについて、内山は「競技スポーツにおける最大且つ唯一の目標は、計測や採点や得点によって明示される『強さ』という卓越性の比較を通してゲームに勝利することにあ

る」[3]と指摘します。つまり、競技スポーツにおいて、勝利という目標を追求することは、「強さ」を追求しているという点でスポーツと区別することができるのです。

さて、少し競技スポーツについて述べてきましたが、そもそもスポーツには「気晴らし」や「遊び」という意味があります[4]。そうすると競技スポーツとは、気晴らしや遊びを超えた、1つのスポーツの世界といえるのではないでしょうか。

ここで皆さんに気づいてほしいことがあります。私たちは普段何気なくスポーツという言葉を使いますが、わざわざ競技スポーツという言葉を使わないのはなぜでしょうか。これまでの議論から、スポーツと競技スポーツは明確に違うものであることがわかったのに、私たちはいつの間にか競技スポーツの意味も含めて、スポーツという言葉を使っているのではないでしょうか。

⑵　スポーツと sport の混乱

なぜこのような事態が起きるのか検討しましょう。ここでは、スポーツという言葉が日本に輸入された明治時代まで遡ります。

スポーツは19世紀末（1800年代後半）、世界に普及し始めたと言われています[5]。やがて世界中にスポーツが普及すると、当然日本にも sport という言葉が輸入されました。一説では、明治時代の文明開化のときだと言われますが、ここではひとまず、この時点を日本におけるスポーツ文化の幕開けとしましょう。スポーツ評論家である玉木は、当時の状況をつぎのように解説しています。

　　スポーツという外国語も日本へ伝わります。その最初の翻訳語として登場するのは「釣り」という言葉です。おそらく英語のできる日本人が、川か海で釣り糸を垂れている外国人に向かって What are you doing? 何をしてるんだ？と訊いたのでしょう。すると I'm playing a sport. という答えが返ってきた。そこで、釣りはスポーツと言うんだ、スポーツとは釣りなんだと理解したので

しょう。ところがその直後にスポーツに対して「乗馬」という翻訳語が登場します。これも、馬に乗ってる外国人に What are you doing? と訊いたら I'm playing a sport. という答えが返ってきた。だから「スポーツ＝乗馬」と翻訳したのでしょう。

　ここで明治の人は大いに悩んだはずです。釣りも乗馬もスポーツならば、そもそもスポーツってなんだ？というわけです。[6]

　玉木の解説からは sport 翻訳に関する明治時代の混乱が伝わってきます。私たちは普段、何気なくスポーツという言葉を使用していますが、外来語のスポーツとして使っているのか、それとも英語としての sport として使っているのかについては特に意識しません。なぜなら、外来語として輸入したスポーツを日本語として使っていても、日常生活には何ら支障がないからです。現に、「釣り」も「乗馬」もスポーツと言えば通じます。しかし、「釣り」は fishing（フィッシング）と言うことができます。すると「釣り」はスポーツなのかフィッシングなのか、そしてスポーツは「釣り」だとしてもフィッシングは何なのかという混乱が起こるでしょう。それは sport とスポーツの区別が曖昧だからです。私たちはその区別をそれほど問題にしてきませんでした。明治時代の混乱は、かたちを変えて現在にも残っているといえるでしょう。

　私たちが使うスポーツと英語圏のひとが使う sport は、厳密には違う言葉ですから、それぞれ違う意味があります。先ほど指摘したように、私たちはスポーツを競技スポーツまで含めた意味で使うことがあります。しかし、英語圏のひとが使う sport は「気晴らし」や「遊び」という意味から明らかな逸脱をしません。英語圏のひとが競技スポーツのことを言うときは、もちろん sport というときもありますが、ほとんど game（試合）、contest（競争・競技・コンテスト）、competition（競技会）という言葉が用いられます。

　すると、そもそもスポーツってなんだ？という問いに答えるには、競技スポーツに端を発する問題も含めて検討する必要がでてき

ます。

⑶ スポーツと競技スポーツの社会問題

スポーツ社会学者のマンデルらは、現代のスポーツについて「スポーツは、正義、相互依存、共同、そして達成という重大な人生の課題が積み重なった『場』なのである」[7]と述べています。この主張を聞く限り、スポーツはひとが生きるうえで必要なことを経験でき、学べる「場」です。スポーツにおける勝利や成功あるいは強さを目指すことは、こうした「場」で行われていることを認識しなければなりません。スポーツの「場」において参加者は、正義に基づいて正々堂々と公平に振舞い、相互依存と共同といわれるコミュニティのなかで生きること、そして人生の目的を達成していくことが大切な前提です。現代のスポーツには、守るべき前提があるのです。

しかしながら、スポーツがこうした「場」であることは理解できますが、参加者は競争性に偏ってしまうが故に、問題を起こすことが多々あります。例えば「強さ」を求めるがゆえのドーピング行為、立場の弱い者に対する暴力やハラスメントの問題、さらに近年では勝つためなら何をしてもいい、強ければ何をしてもいいと考えているアスリートも少なくないようです。実際に、アスリートが捕まる事件も発生しています。このような事実は、スポーツの世界に渦巻く代表的な社会問題ではないでしょうか。

一般的に、スポーツに関する社会問題は、競技大会に関連して多く発生します。すなわち、世界選手権やサッカーのワールドカップ、オリンピックなどは、問題が発生する代表的な競技大会と言えます。皆さんも見たり聞いて知っていたり、なかには活動中に実際に被害を被った人もいるかもしれません。悲しいことですが、このようなスポーツの実態は、実際に起きている事件から証明されてしまうのです。

第2節　ひとはスポーツを　　どのように発展させた？

　前節はスポーツがもつ意味の考察、そしてスポーツ界の社会問題を指摘しました。スポーツ、とりわけ競技スポーツの世界では、社会問題が際立ちます。このような問題を考えるために、ここではキーワードを準備します。私たちはスポーツの状況をどのように考え、そしてどのように付き合っていくことができるか考える必要があるのです。

第1項　古代スポーツから現代スポーツへの発展と歴史

⑴　スポーツと人間性と競争
①　古代スポーツ

　第1項では、スポーツ・人間性・競争をキーワードとして取り上げ、現在のスポーツまでに発展してきた道のりを考えます。古代スポーツを考えるときは、古代ギリシアや古代ローマで行われていたスポーツが用いられることが多いのですが、ここでは古代オリンピックが開催されていた古代ギリシアの競技事情にフォーカスして検討を進めたいと思います。

　はじめに、古代ギリシア人の人間性を確認します。古代ギリシアの研究者であるガーディナーは、つぎのように述べます。

　　ギリシア人ほど競争を好んだ民族もみられなかった。競争は、ギリシア人の生活のすみずみにまで浸透していた。彼らは音楽、演劇、詩、芸術の競争、いな、身体美の競争さえ行った。しかし、競争の精神がいかに刺激的であり、それが生ずる結果がいかに素晴らしかったとしても、それが抑制されない場合は、これまで危険な動機であったし、また現在も同様である。[8]

一言で言いますと、古代ギリシア人は歌うにしても運動するにしても、なんでも競争したがる大の競争好きだということがわかります。ガーディナーは勝者を称える詩を作る職人、ピンダロスが作詩したアスリート祝勝歌から、真のスポーツマンは苦労と犠牲に喜びを感じるという古代ギリシア人の性格を明らかにしました。こうしてみると、古代ギリシアでは競争する競技が非常に盛んであったことがわかります。例えば、古代ギリシア人のなかには朝ご飯を食べ、哲学をして、そのあと全身にオリーブオイルと土をつけてレスリングの練習、そしてお昼を食べ、以下同様、夜は饗宴（うたげ）という生活をしていた人もいたようです。

　ではつぎに、引用の後半に注目してみましょう。ここには大変興味深いことが記してあります。まず、競争の精神は刺激的であり、素晴らしさの対象であるということです。しかし、競争の精神は諸刃の剣でもあります。競争の精神が抑制されていない場合とは、自分の精神（感情）がコントロールできていない状態を指します。従って、それは危険な結果を導く動機になる可能性があります。また、いま現在も同様のことが起こるだろうと述べられています。たしかに、行き過ぎた人は暴走する人と考えることができます。この点では、現代のアスリートにも通じる部分があるように思われます。

　さらにガーディナーは続けます。古代ギリシア人が競技を驚異的に発展させた主要な原因は、優越欲（the desire to excel）であったというのです。アスリートならば、ライバルに勝ちたいと思うことやあのチームを倒したいと考えること、誰かを見返したいと思うことは自然なことのように思います。このように考えてみますと、やはり現代のアスリートにも古代のそれと変わらず、優越欲が働いているように思われます。アスリートは競争の精神が制御できるのであれば素晴らしいのであり、もし制御できないのであれば、その優越欲が危険な動機として捉えられてしまうことが理解できます。

② 近代スポーツ

　古代スポーツは長い時間を経て、近代スポーツへと発展を遂げました。古代オリンピックで行われていたレスリングやボクシングなどは、いまでも世界中のアスリートが競い合う競技種目になっています。また、そのルーツが古代ギリシアにある陸上競技や円盤投げなども、近代スポーツとして実施されています。

　では、この近代スポーツを考えていきます。第1節でも少し述べましたが、私たちはルール・得点・時間などが整備されたものをスポーツと呼んでいます。スポーツと呼ばれるものは、19世紀後半のイギリスで近代スポーツ（sport）として誕生しました。例えば、サッカー、それから派生したラグビー、ボート、テニスなどあらゆるスポーツは、イギリスでルールの成立や組織の整備などがすすめられました。その後、世界に浸透するという意味で、社会化しました。近代スポーツは、こうしたイギリス発祥から世界へ広まったという背景があったからこそ、日本にも sport が輸入されることになったのです。

　ところで、2012年のオリンピック大会は、ロンドンで開催されました。このときのイギリスでは、近代スポーツの母国回帰が語られています。そのくらい、イギリスは近代スポーツを語るとき、省略できない国なのです。

　話を戻して19世紀の初め、イギリスのパブリックスクールという学校に着目します。ちなみに、パブリックスクールの1つであるラグビー校は、その名が示すとおりラグビー発祥の学校です。パブリックスクールはイギリスの支配階層であるジェントリー出身、いわゆるエリート層が通う学校でした。このパブリックスクールでは、伝統的に古典学や人文学を中心に支配階層としての教育を施していましたが、次第に身体活動を通じた精神と肉体の鍛錬が加えられることになっていきます。そして身体活動を通じた精神と肉体の鍛錬は、次第に教育のなかで重要な位置を占めるようになっていきます。パブリックスクールの学校生活では、「勤勉」「節制」「忍耐」な

どが重視されていたようです。

　ではなぜ、身体活動を通じた精神と肉体の鍛錬が重視されたのか考えてみましょう。それは簡潔に言いますと、パブリックスクールの学生が暴力行為や破壊行為を頻繁に起こし、好き放題するため地域住民とのトラブルが絶えなかったからです。もともと、パブリックスクールは「自治」という方針を持っていましたが、ほとんど放任主義だったこともひとつの原因だったようです。このままでは、ただの競争好きが昂じただけの破壊者と何ら変わりません。全く、自身の感情を抑制することができていなかったのです。

　そうしたなか、ラグビー校のトマス・アーノルド校長が変革に乗り出しました。この変革では、集団スポーツによって忍耐、克己心、協調性を養い、さらにはスポーツマンシップや自己犠牲精神、集団への忠誠心などを養うことを可能にしたといわれます。このように、トマス・アーノルド校長は変革を成したわけですが、そこに1人の人物が熱い眼差しを向けることになります。

⑵　近代オリンピックの始まり

　近代オリンピックと聞いて、熱い眼差しを向けていた人物がわかった人がいるかもしれません。そうです、近代オリンピックの父であるクーベルタン男爵です。

　クーベルタンはフランス人でした。当時のフランスは、普仏戦争（普はプロイセン、現在のドイツ）の影響もあり、国内全体にどんよりとした雰囲気が蔓延していました。クーベルタンは、これからのフランスを担う若者たちが、生気なく暮らしていることに心を痛めていました。そのようななか、クーベルタンはトマス・アーノルドが校長を務めるパブリックスクールへ視察に赴くことになりました。

　そこでクーベルタンは驚愕します。彼はスポーツ教育でこれほどまで身体と精神を鍛錬することが可能になるのかと思ったようです。そして時を同じくして、クーベルタンにビッグニュースが舞い

第2節　ひとはスポーツをどのように発展させた？　　45

込んできます。アテネで調査発掘されていた古代オリンピックの地、古代都市オリンピアが発見されたのです。この運命的な巡り合わせを前に、それからのクーベルタンの行動は素早く、約2000年前の古代オリンピック復活と銘を打って、1896年に第1回の近代オリンピックアテネ大会を開催しました。

　クーベルタンは、世界平和の構築という目標を近代オリンピックに冠しました。これは、近代オリンピックの理念として掲げたもので、やがてオリンピズムと呼ばれることになります。近代オリンピックに通底するこの思想には、スポーツ教育によって国際相互理解を図り、平和な世界を構築していきたいとするクーベルタンの願いが流れています。例えば、現在のオリンピック大会の場は、国家同士の戦いではなく、アスリートが競い合うことに重きを置いています。その証拠に、国際オリンピック委員会（ＩＯＣ）は、メディアがメダル数を数えて競い合うことを推奨していません。クーベルタンが目指したオリンピック大会は、アスリートがスポーツを通じて競い合うことを推奨しています。そこには、人間の成長があると考えられているからです。

第2項　社会で利用される現代スポーツ：
　　　　アスリートという被害者

⑴　メガイベントゆえの苦悩

　オリンピック大会に関する研究をみてみますと、いくらオリンピズムという理念や精神があろうとも、現実では様々な問題を抱えていることが指摘されています。これまでもオリンピック大会では、政治的利用の問題や開催都市にかかる莫大な資金の問題が指摘されてきましたし、さらにはアスリートのドーピング問題などが起きています。ドーピング問題については、国絡みで組織的なドーピングが行われたり、科学技術を駆使した遺伝子ドーピングが起こっている実態があります。

このドーピング問題に着目すると、アスリートは国絡みの組織的ドーピングの対象だと考えることができます。そもそもドーピングをすることは、いけないことです。それでも、ドーピングをする目的は、アスリートの活躍より国のメダル数が優先されているように考えられます。こうした問題を抱えているオリンピック大会は、もはやアスリートファーストではないのでしょうか。もしそうであるならば、丹羽が1980年代にすでに指摘していますが、スポーツやアスリートが「政治、経済、教育、宗教などの現実と密接に関係しながら、それらの手段としてさえ利用されている」[9]という現実があるように思われます。ただし、マンデルらが述べるように「スポーツは文字通りの意味で一つの文化的形式なのであり、広い意味の政治の中で道具的な価値をもつものでない」[10]ことはこれまで述べてきたとおりです。ですからアスリートは、オリンピック大会の政治的利用に巻き込まれてしまうような存在ではないのです。

　次に、クーベルタンの願いであるオリンピズムに基づくオリンピック大会とはどのようなものか検討します。アスリートがもつ競争の精神を正しく発揮させることができるようなオリンピック大会の在り方を考えてみましょう。

(2)　リオ大会の問題から考える

　ここではリオ大会で起きた2つの問題にフォーカスしながら、アスリートの扱われ方を分析します。

　1つ目は、人気競技の放映時間を政治的権力のある国に合わせるような放映権の問題です。この問題は、放映権を買い取る事ができる（お金を持っている）国が単純に強いので、ビジネスとして参画しているならば、商業主義的な問題と考えてよいでしょう。

　この問題から考えられるアスリートへの影響は、少なくとも通常では開催されない時間に競技が開催されることがあげられます。例えば、アスリートはコンディション調整が難しくなります。真夏の南米で開催されているということを考えますと、比較的涼しい時間

に競技を実施することが妥当だと考えます。しかし実際は、アスリートが互いにブラジルに会して競い合うということよりも、オリンピック大会にかかる政治的な事情によってアスリートに影響が及んでいるとみれば、それは不条理なことではないでしょうか。

2つ目は、ボートやプール会場にみられた、競技環境の整備不足問題です。実際に、水球競技や飛び込み競技の会場では大会期間中に水質調査が行われた現状からもわかるとおり、アスリートがオリンピック大会で快適に競技できる環境が整備されていなかったと考えられます。アスリートからは「目が痛い」、「臭い」などの声もあがっていました。例えば、気象条件によって快適な競技環境が整わないのであれば致し方ないと考えることもできますが、大会運営という人為的なところに原因があるとすれば、これもまた不条理なことであると考えられます。

このように、オリンピック大会の問題は政治的なものから人為的なものまで多く存在しています。果たして、オリンピック大会はクーベルタンの願いが込められたオリンピズムに基づいて、競技大会を開催しているといえるでしょうか。先に確認したように、オリンピズムはアスリートが競い合う場面からスポーツにおける感動を提供することや、世界や社会の国際相互理解を促すという側面を持ち合わせています。しかし、オリンピック大会そのものがブレていることで、アスリートが正々堂々と競争することができない競技大会になっていないでしょうか。これでは、オリンピズムの理念や精神から、アスリートを疎外するオリンピック大会になっていると考えられるのです。

第3項　踊らされるアスリートたち

(1)　アスリートゆえの苦悩

ここでは、オリンピック大会を目指しているアスリートにフォーカスして考えます。ここでの検討課題は、アスリートの競技生活で

す。

アスリートの困難について吉田は、「そもそも種々の困難は、アスリートがそれ相応の目標を目指して競技生活を送っていく際には付き物とも言えよう」[11]と述べています。オリンピック大会は世界有数のメガイベントですから、そのアスリートの競技生活において起こる困難は、誰もが参加できるような競技大会と比べると、より大きい困難に見舞われる可能性があると考えられます。

では、アスリートが目標とするオリンピック大会へ出場できた場合はどうでしょうか。こうした問いに対しても吉田は、「アスリートには競技生活ないしはその後において、種々の困難が不可避といっても過言ではない」[12]と述べています。ここでは、オリンピック大会へ出場するという目標達成のために、生活のすべてを競技に捧げるようなアスリートを想像してください。このようなアスリートは、第一線での競技生活が終了したとき、引退後の第２の人生で困難から逃れることができません。これまで競技に特化した生活を送ってきたからこそ、仕事のスキルや社会人として生活することすらままならず、やはりアスリートには困難が直面すると考えられます。例えば、解雇されたプロアスリートのキャリアが想像しやすいのではないでしょうか。このような事態を想定しますと、アスリートは生活のすべてを競技生活に捧げる選択をしたとき、ドロップアウト後の困難がすでに準備されている可能性すら指摘できるのです。

(2) 競技スポーツの光と闇

アスリートを待ち受ける困難は、競技スポーツに特有なものと考えられます。例えば、柔道やレスリングの選手は耳が内出血して固くなることがありますし、女性アスリートは過度なトレーニングによって月経が止まることもあります。なかには、戦略的に自分の身体の生理現象をコントロールする人もいるくらいです。

さらにアスリートに着目すると、困難や挫折は、燃え尽き症候群

と言われるバーンアウト問題の起因として疑われることがあります。その他大勢のアスリートに起こり得る問題としては、子どもの頃から抱いている夢や目標がほとんど叶えられないうちに競技スポーツの世界から退くことがあげられます。また、プロのアスリートになれたとしても、プロスポーツの世界では安定した居場所がなく、厳しい現実が待っていることも考えられます。

　しかし、アスリートのなかには、どんなに厳しい現実が待っていたとしても、またどんなに社会的な困難があったとしても、まさにいま競技生活を生きているという人がいることも事実です。和秀俊は高い競技レベルを有するアスリートに限定した質的調査から、「スポーツにおける挫折から立ち直る過程とは、『自己の目標が達成できなかった際に、競技の継続について葛藤し、共同的主体性の向上によって立ち直る過程』」[13]と結論づけ、挫折から立ち直ることはアスリートにとって重要な課題だと指摘します。アスリートは葛藤を乗り越え、自分だけでなくみんなに支えられながら挫折を乗りこえることが大切なのです。

　そしてわずかな数であろうとも、実際に金メダルを獲得するようなアスリートの存在を忘れてはなりません。吉田は金メダリストK氏のライフヒストリーについて、「K氏のアスリートキャリアは基本的に、スポ少・中学時代は導入・基礎期、高校時代は強化・飛躍期、大学時代は停滞期、そして実業団時代は仕上げ期と捉えられる」[14]と述べます。K氏のライフヒストリーは、困難と無縁ではなかったようですし、少なくとも、順風満帆な競技生活ではなかったことが理解できます。K氏のライフヒストリーでは、「捨て切れ」なかった「オリンピック」という思いが後のオリンピック出場、金メダル獲得へとつながったとも述べられています。

　成功するアスリートとは、自分自身に勝つことで挫折や困難を乗り越えることができ、そしてライバルにも勝つことができる、一握りの存在なのです。

第3節　スポーツは
　　　　都合の良い道具じゃない！

第1項　現代社会におけるスポーツの実相

　第2節では古代スポーツから近代スポーツへの変遷を辿り、スポーツの問題がアスリートに対していかに影響を与えるのか論じました。そこで第3節では、前節で述べたアスリートの立場を考える議論を引き継ぎながら、現代社会で利用されているスポーツの実相を明らかにしたいと思います。

　その方法として、アスリートがオリンピック大会で勝利や成功を目指している場合を想定しましょう。次に、社会学者のコークリーが述べる、現代社会におけるスポーツの現状を指摘した4つのトピックスに注目します。

(1)記録や勝利をめぐる新たな金銭的誘惑
(2)若い競技者の人生や、アイデンティティにおけるスポーツ参加の
　新たな意味
(3)パフォーマンスを高める新テクノロジー
(4)イメージを重要視する新しいタイプの企業スポンサーなどに囲まれている[15]

　このテーマは、アスリートが直面するスポーツの現状として考えられます。アスリートの目の前で現実に起こり得るスポーツの問題に対して、私たちはどのような選択股があるのか考えながら読み進め、スポーツの実相を考えてみましょう。

(1)　記録や勝利をめぐる新たな金銭的誘惑

　記録や勝利を巡る新たな金銭的誘惑とは、契約金や報奨金などを想像してください。アスリートには本能ともでもいうべき、強さを

求める願いや、競争の精神、優越欲などが備わっています。アスリートはそれを正しく発揮できたかということに競争的価値がつけられ、その対価として金銭が天秤にかけられます。それは、アスリートという人間の競争的行為と、その競争的行為に価値を認めて報酬を与えるという図式に他なりません。オリンピック大会を考えますと、日本オリンピック委員会（JOC）はアスリートへ報奨金を出していますし、メダルをとったアスリートはいくら貰ったという話がしばしばニュースになります。

　アスリートは、記録を伸ばしたいと思っていますし、勝利することを考えていると思います。一方でスポンサーや所属チームは、自分のチームに強い選手を加入させたいと考えます。すると、一般水準を超える報酬や給料をアスリートに提供するという意味で、金銭的誘惑となり得るのです。アスリートは自分の競争的行為の対価として金額をつけられていますが、必要以上の金額を提示されることがあるようです。他にも、具体例としては裏金や買収行為などがあげられます。このような例は、アスリートに対する金銭的誘惑として考えられる氷山の一角ではないでしょうか。

⑵　若い競技者の人生や、アイデンティティにおけるスポーツ参加の新たな意味

　若いアスリートの人生やアイデンティティにおけるスポーツ参加の新たな意味を巡る問題については、その受け皿であるスポーツの社会が成熟する必要があります。このように考えるのは、アスリートとして成功したとしても失敗したとしても、社会のなかにスポーツへの理解や認識が浸透していなければ、競技者が社会から逸脱するからです。現代社会では、アスリートという在り方や職業について、どこまで認めてくれているのでしょうか。競技種目によっては、中学生年代で世界で活躍するアスリートも少なくありません。そのアスリートは先ほど論じたように、困難が待ち構えている競技生活を選択しているのです。こうした意味での若い競技者の人生につい

ては、いまの社会のシステムのなかで救うことが難しいように思われます。

こうした問題を解決するためには、若いアスリートがスポーツで失敗しても人生に影響を与えることのないように、アスリートという生き方や在り方が社会のなかで認められることが必要です。スポーツの世界は、アスリートを逸脱させないための社会的機能を充実させることが重要です。オリンピック大会であれば、このような社会的機能が今後継続的に充実されるための、1つの契機となることが期待されます。

(3) パフォーマンスを高める新テクノロジー

パフォーマンスを高める新テクノロジーは、ドーピング問題や競技用具の進化などによって引き起こされる問題に代表されると考えられます。それは、アスリートの「より高く」「より速く」「より強く」という願いを達成させてくれるでしょう。しかし、その一方で、競技スポーツに定められたルールがあることも事実です。例えば、少し前に速く泳ぐことができる水着が開発されましたが、すぐに使用禁止となった事例があります。そこでもし、使用禁止とされた水着を使ってでも勝ちたいと考えるなら、それはアスリート失格です。アスリートはスポーツをする以上、ルールに従う義務があるのです。スポーツは同じルールだからこそ、公平に競うことができます。私たちは社会で決められたルールという規則（法）から逸脱すれば、競技スポーツの社会であっても、一般の社会であっても、同様にルール違反になります。現在の状況は、巧妙なドーピング技術が次々と開発されていることも事実ですが、スポーツの世界はルールという法を整備して、アスリートが正々堂々勝負できる環境を整えることが重要です。

⑷ イメージを重要視する新しいタイプの企業スポンサーなどに囲まれている

　イメージを重要視する新しいタイプの企業スポンサーなどに囲まれることは、アスリートの人生に影響を与える可能性があります。

　採用する側である企業は、そのアスリートのイメージや人気を採用の決め手とすることもあるでしょう。すると、採用されたいアスリートは、企業が要望するイメージを合わせて、その要望に沿ったアスリートを演じるかもしれません。ここに考えられるひとつの見方は、スポーツの世界でなんとか生き抜いていこうとするアスリートの姿です。生活するためには当然の姿勢かもしれませんが、もし、自身が持つ信念にすら背いて振る舞っているのであれば、その生き方に後ろめたさを感じます。極端な言い方をしますと、アスリートの存在意義やその価値に対して、自らへりくだっているのではないでしょうか。あるいは、アスリートが目指す在るべき姿から、自ら身を引いていると考えられるのではないでしょうか。

　しかし、アスリートにとっては、メジャーな競技でなければ資金繰りが難しいという状況があります。例えば、オリンピアンといえどもアルバイトで生計を立てているとか、プロ契約ではなく企業に雇われているアスリートを想像できます。ここではマイナー競技のアスリートが資金繰りのためスポンサー企業に採用されたいと考えているとします。この場合は、一方ではマイナースポーツの現実を理解したうえで演じていることに一定の理解を示すことができますが、他方では、そのアスリートの人生がスポーツに振り回されていると考えることもできます。

　アスリートは、どちらを選択したとしても自分の最終目標を叶えるために正しい選択をすることが大切です。これからは、アスリートに間違った選択肢を選ばせないために、後世に良いスポーツの世界を残していけるように考えていくことが必要です。

第2項　スポーツの実相

　これまで述べてきたように、スポーツには古代スポーツから近代スポーツに発展しても、人間の変わらぬ願いが常に流れています。つまり、アスリートは古代から変わらず相手に勝ちたい、上手くなりたい、強くなりたい、成功したいと考えてきたのです。私はアスリートという存在について、人間らしいスポーツの世界を創ってきた共同作業者だと考えます。この共同作業者という考えには、現在とか近代とか古代との時間的な制限はありません。人間だからこそ身体運動をする。そして私は現在に生きているからこそ、スポーツをしているだけです。この地球上では、みんながスポーツあるいは身体活動をしてきたのですから、やはりスポーツの世界を創ってきた共同作業者なのではないでしょうか。もちろん、アスリートだけでスポーツの世界を創ってきたと主張しているわけではありません。これまでスポーツの問題を指摘してきたように、今生きている人びと全員がいまのスポーツの世界、そしてスポーツがある社会を創っています。社会という概念は、共同生活における人間関係の総体の輪郭を指しています。

　スポーツがある社会では、だれでもスポーツに関わることができます。しかし、それ故に好ましくない問題が起きることもあります。スポーツと密接に関わるアスリートが様々な問題を起こすことは事実ですし、スポーツに興味がない人がスポーツビジネスとしてお金を稼ぐことも事実です。スポーツがある社会では、誰にでも門戸が開かれています。それはどんな人であっても、それぞれの仕方でスポーツへ関わることができる多様性をみることができます。

　しかし、絶対にやってはいけないことがあります。それは、ルールを破ることです。現在のスポーツはルールを守らなくては成立しません。一般の生活でも飲酒運転や殺人をしてはならないと法律で決まっているように、当然のごとく私たちはルールを守らなくてはなりません。ですがライバルを蹴落としても勝ちたい、何がなんで

も前に行きたいと考えるアスリートは後を立ちません。これこそ、古代ギリシア時代から人間に流れている優越欲に他ならないのです。しかし、暴走するアスリートをそのままにしておくことはできません。クーベルタンは、スポーツ教育の素晴らしさをパブリックスクールに見出し、近代オリンピックを立ち上げました。この思想にこそ、まさに生き方の哲学として、優越欲に溺れるアスリートを救うヒントが有るように思います。競争で一番になることよりも、自分と向き合うことによって自分自身に打ち克った人が真の勝者にふさわしいと思います。

　スポーツってなんだろう？というテーマに対する答えは、スポーツとは常に変化している文化であると述べておきたいと思います。私たちは、身体活動を通して、そしてスポーツを通して、全員がスポーツがある社会を構成することに関与しているのです。

引用文献

1）大橋道雄編著・服部豊示・阿部悟郎共著（2011）『体育哲学原論―体育・スポーツの理解に向けて―』不昧堂出版　p.142

2）Thomas. C.（大橋道雄訳）（1991）『スポーツの哲学』不昧堂出版　p.99

3）内山治樹（2015）「チーム・パフォーマンスの生成にかかわる前提要件の検討―『チームの感性』究明に向けた予備的考察―」体育・スポーツ哲学研究37-2　p.115

4）大橋道雄編著・服部豊示・阿部悟郎共著（2011）上掲書　p.114

5）唐木國彦（1986）『体育原理Ⅱ　スポーツの概念』不昧堂出版　p.9

6）玉木正之（2015）『ＮＨＫ　解説委員会』
http://www.nhk.or.jp/kaisetsu-blog/400/225716.html（2018年3月12日）

7）J.D.マンデル・J.R.マンデル・村松和則（1997）「現代スポーツへの新たなアプローチ」スポーツ社会学研究5　p.56

8）ガーディナー（岸野雄三訳）（1982）『ギリシアの運動競技』ほるぷ出版　p.3

9）丹羽劭昭（1982）『スポーツと生活』朝倉書店　p.42

10）J.D.マンデル・J.R.マンデル・村松和則（1997）上掲論文　p.51

11）吉田毅（2001）「アスリートの困難克服の道筋に関する社会学的考察」体

育学研究46-3　p.242

12）吉田毅（2006）「アスリートの転身による困難克服の道筋に関する社会学的考察：元アメリカ杯挑戦艇クルーを事例として」体育学研究51-2　p.126

13）和秀俊・遠藤慎太郎・大石和男（2011）「スポーツ選手の挫折とそこからの立ち直り過程：男性中高生アスリートの質的研究の観点から」体育学研究56　p.101

14）吉田毅（2010）「金メダル獲得をめぐるアスリートのキャリア形成プロセス―ノルディック複合金メダリストのライフヒストリー―」スポーツ社会学研究18-1　p.56

15）J・コークリー・P・ドネリー（村田周祐訳）（2011）『現代スポーツの社会学―課題と共生への道のり―』南窓社　p.91

参考文献

1）井上俊・菊幸一編著（2012）『よくわかるスポーツ文化論』ミネルヴァ書房

2）玉木正之（1999）『スポーツとは何か』講談社

3）高橋幸一『スポーツ学のルーツ―古代ギリシア・ローマのスポーツ思想―』明和出版

Ⅲ 体育・スポーツで 子どもの心はどう育つの？

Ⅲ 体育・スポーツで 子どもの心はどう育つの？

第1節 体育の授業における「楽しさ」

第1項 「楽しさ」の具体像を探る意味

　クラスのみんなとコミュニケーションを取りながら運動やスポーツを行う体育の授業は、多くの児童・生徒が楽しみにする授業の1つであると考えられます。島本・石井[1]は、全国各地の800名以上の大学生を対象として、体育の授業に参加する上での主な目的意識を調べるアンケート調査（多肢選択法）を実施しています。その結果、半数以上の学生が「スポーツそのものを楽しむため」という回答であったことを明らかにしています（図3－1）。これは大学生における結果ではありますが、小学校から高校までの学校教育の現場においても、楽しむことを第一の目的とする児童・生徒が多数見られることが予想されます。

　この「楽しさ」という言葉は、日常生活の中でよく用いられる言葉の1つであると思われますが、その言葉をどのような意味で用いているのかについては、一人ひとり違いが見られると言えます。例えば、体育の授業における「楽しさ」をある人は汗をたくさんかくほど身体を動かすことと感じたり、ある人は技能レベルが向上していくことと感じたり、またある人は、運動やスポーツを通じてみんなとコミュニケーションを取ることと感じているかもしれません。

　また、子どもたちが「楽しい」と感じるポジティブな状態は、体育の授業に積極的かつ主体的に参加しようとする姿勢に直結しています。言い換えれば、授業場面においてそのような活発な姿を教師が観察することができるならば、そこには間違いなく子どもたちが「楽しい」と感じる要素が存在しているはずです。このようなこと

第1節 体育の授業における「楽しさ」　59

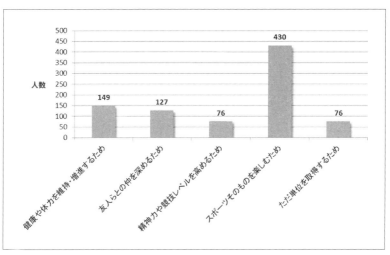

図3－1　大学生における体育の授業に参加する上での主な目的意識[1]

からも、体育の授業を担当する教師は、望ましい授業を展開していくに当たり、児童・生徒がどのようなことに楽しさを感じているのか、その全体的な傾向を把握しておく必要があると言えるのです。そして、その楽しさの要素を明確にすることで、時に「体育嫌い」と称される、運動を苦手とする子どもの割合を減らすための手立てが見出されていくのではないでしょうか。次項では体育授業における「楽しさ」の具体像について述べていきます。

第2項　「楽しさ」の具体像に迫る

(1)　ある教育大学における「楽しさ」のとらえ方

ここで紹介するのは、ある教育大学（教育学部）の体育の授業内で提示されている「楽しさ」のとらえ方です[2]。あくまでも、さまざまな解釈がなされる「楽しさ」の一事例として紹介します。

その教育大学では、体育の授業における楽しさとは「達成の楽しさ」と「親和の楽しさ」の2軸からなるとされます。さらに前者は「挑戦の楽しさ」と「向上の楽しさ」から、後者は「理解の楽しさ」と

「承認の楽しさ」からそれぞれ構成されると示されています（図3－2）。「達成の楽しさ」を補足すると、その下位の側面である「挑戦の楽しさ」とは自身にとって新しい運動技能の獲得に向けて果敢に挑戦する楽しさを表しています。「向上の楽しさ」とは練習を積み重ねることにより、技能が上達していく楽しさを意味しています。一方の「親和の楽しさ」の下位の側面である「理解の楽しさ」はチームのメンバーに自分自身のことを理解してもらえる楽しさを、「承認の楽しさ」は、例えば、試合場面等で活躍をし、チームの勝利に貢献したことで自分のことを承認してもらえる楽しさをそれぞれ表しています。このような構成からなる「楽しさ」を簡潔に表現するとすれば、「達成の楽しさ」とは主に個人内で感じる楽しさであり、「親和の楽しさ」とは他者との関わりを通じて感じる楽しさであると言うことができるでしょう。筆者は、大学生に対して「体育の授業における楽しさとは何か」という発問を、体育に関連する授業の中で継続的に行ってきていますが、毎年、さまざまな回答の中に上記で述べた楽しさの側面が見られます。多様な解釈がなされる「楽しさ」において、「達成の楽しさ」と「親和の楽しさ」は多くの個人に共有される「楽しさ」の側面であると考えられます。そのことに関連させて言えば、この「達成の楽しさ」と「親和の楽

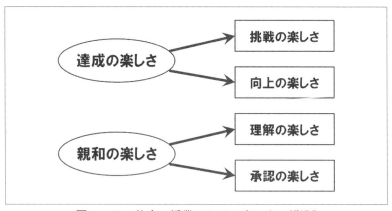

図3－2　体育の授業における楽しさの構造[2]

しさ」は、授業に参加する全員が享受することができる「楽しさ」であると言えます。特に「達成の楽しさ」は運動の技能レベルがクラスの中で秀でている時に感じられるというものではなく、運動が苦手な子も含め、その一人ひとりが自分自身のステージにおいて、今よりも上達することができた時に感じられる楽しさであると言うことができるでしょう。

(2) 体育の授業における「楽しさ」と人間の本能的欲求との関連

この「楽しさ」を人間が本来持っている欲求の面から解釈してみると興味深いことに気づきます。アメリカの心理学者アブラハム・マズローは、人間の欲求をピラミッドのような階層的な構造からとらえ（図3-3）、低次の欲求が満たされることで、より高次の欲求へと移行することを唱えました（マズローの欲求5段階説）。それらの欲求は低次より「生理的欲求」、「安全欲求」、「社会的欲求」、「尊厳欲求」、「自己実現欲求」からなります。低次の2つは物理的欲求であり、高次の3つは精神的欲求であると言えます。あるいは、

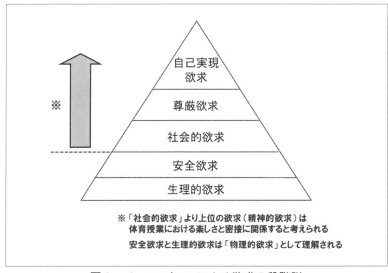

図3-3　マズローによる欲求5段階説

62　Ⅲ　体育・スポーツで子どもの心はどう育つの？

低次の３つは外的な欲求として、高次の２つは内的な欲求としても
とらえられます。現在の日本では「生理的欲求」と「安全の欲求」
はほぼ満たされていると考えられるため、人々は主に「社会的欲求」
と「尊厳欲求」、そして、「自己実現欲求」を求める段階にあると言
えます。これらの欲求は、先ほどの体育の授業における「楽しさ」
である「達成の楽しさ」、「親和の楽しさ」と密接な対応関係にある
ことに気づきます。すなわち、「親和の楽しさ」は所属と愛の欲求
である「社会的欲求」、および承認の欲求である「尊厳欲求」と、「達
成の楽しさ」は「自己実現欲求」にそれぞれ対応していると解釈す
ることができます。このような見方をすると、体育の授業における
「楽しさ」とは、人間が本来持っている欲求と密接に結びついてい
るととらえることができるでしょう。体育の授業を受けるに当たっ
ては、普段着から運動着に着替え、教室から体育館やグランドに移
動する必要があります。さらに授業場面では時に激しい全身運動を
行うことになります。このような教室での授業には見られない、一
連のプロセスに子どもたちを動機づけるほどの力を持つものが体育
の授業における「楽しさ」であると言えます。そのように考えると、
人間が本能的に持っている欲求と楽しさとが関連しあうことは納得
ができることではないでしょうか。なお、本章ではこれ以降、体育
の授業における「楽しさ」を、「達成の楽しさ」と「親和の楽しさ」
からとらえていくことにします。

第３項　体育の授業に参加する全員が「楽しさ」を 　　　　享受するために

　体育の授業自体は運動部活動とは異なり、運動やスポーツが好き
な子・嫌いな子、運動やスポーツが得意な子・苦手な子というよう
に、さまざまな特徴を持つ子どもたちが参加しています。本章の冒
頭で紹介した大学生のケースであれば[1]、体育の授業に対して「た
だ単位を取得するため」という消極的な目的意識を持つ個人の割合

は約7％です。文部科学省[3]により発表されたスポーツ基本計画によれば、スポーツが「嫌い」、「やや嫌い」な中学生は2016（平成28）年において16.4％とされており、体育の授業に消極的な態度を示す子どもはクラスに一定数見られると考えられます。そのような中、授業に参加する全員が「達成の楽しさ」や「親和の楽しさ」を享受することは可能でしょうか。運動が苦手な子は、自らのパフォーマンスが周囲にさらされることを嫌い、挑戦することや運動技能の練習に対して消極的になることが予想されます。また、周囲に迷惑をかけてしまうと感じ、チームに上手く馴染むことができないといった問題も発生してくるでしょう。ここで述べたような反応は、その個人がもともと備えていたものではなく、これまでの体育授業での経験を通じて形成されていったものと考えられます。そのため、クラスの全員が「楽しさ」を享受するためには、授業を担当する教員による働きかけが必要であると言うことができるでしょう。

　筆者は本学教育学部の学生に対して、「大学卒業後、体育の授業を担当するとして、どのようなことに不安を感じていますか？」という発問を授業の中で行っていますが、そこで出される共通した回答として、「全員が楽しめる授業をつくれるか」、「運動やスポーツが苦手な子への対応」といったものが挙げられます。クラス全員が「達成の楽しさ」や「親和の楽しさ」を享受できているという状態は、教師が運動やスポーツが苦手な子へも上手く対応できていることを表しているので、上に述べた2つの不安は「全員が楽しめる授業をつくれるか」に統合することができるでしょう。それでは、授業の中でどのような働きかけを行っていけば、「達成の楽しさ」や「親和の楽しさ」からなる「楽しさ」を、全員が享受できる授業を実現していけるのでしょうか。その解を導き出していく上で重要なある概念について次節では述べていきます。

第2節 運動に対する有能感である 「運動有能感」

第1項 運動有能感について

(1) 運動有能感の構造

　本節では、望ましい体育の授業のあり方を検討する上で、欠かすことのできない概念である「運動有能感」について取り上げます。有能感とは、予測不能な状況や環境の中で、自信を持って積極的に対処していくことのできる能力[4]と言われます。そして、その有能感を運動場面に適用したものが「運動有能感」です。岡沢ら[4]は、この運動有能感が以下に示す3つの側面から構成されることを、5,000名近い小学生から大学生までの各発達段階の個人を対象とし

表3－1　運動有能感の各側面と、それら各側面の認知度を評価する項目[4]

身体的有能さの認知

・運動能力がすぐれていると思います
・運動について自信をもっているほうです
・たいていの運動は上手にできます
・運動の上手な見本として、よく選ばれます

統制感

・できない運動でも、あきらめないで練習すればできるようになると思います
・努力さえすれば、たいていの運動は上手にできると思います
・練習をすれば、必ず技術や記録はのびると思います
・少し難しい運動でも、努力すればできると思います

受容感

・いっしょに運動をしようとさそってくれる友だちがいます
・運動をしている時、友だちがはげましたり、応援してくれます
・いっしょに運動する友だちがいます
・運動をしている時、先生がはげましたり、応援してくれます

た大規模調査を通じて明らかにしています（**表3－1**）。

1つ目の側面は「身体的有能さの認知」です。これは自己の運動能力にもとづき認知される有能感です。「運動の上手な見本としてよく選ばれる」という経験を多く持ち、「運動について自信を持っている」、「大抵の運動を上手に行うことができる」という感覚を強く持つ個人ほど、その認知の程度は高くなります。

2つ目の側面は「統制感」です。これはたとえ今は上手くできない運動でも、努力して練習を重ねれば、いずれできるようになるという認知にもとづく有能感です。運動やスポーツに限らず、大抵のことはすぐには上手くできないのが常です。誰しも練習を積み重ねることで技能レベルは徐々に向上していきます。その学習行動のために必要な認知を運動場面に適用したものと言えるでしょう。

最後の3つ目の側面は「受容感」です。これはこれまでの2つの側面とはやや異なり、社会的な有能感として解釈されるものです。すなわち、運動やスポーツを行う集団の中で、自らはその一員として受け入れられているという認知にもとづく有能感です。「一緒に運動をしようと誘ってくれる友だちがいる」、「運動をしている時、友だちが励ましたり、応援してくれる」、「運動をしている時、先生がはげましたり、応援してくれる」ということを強く認知している個人ほど、「受容感」の程度は高いと言えます。

この「身体的有能さの認知」、「統制感」、「受容感」からなる運動有能感の構造は、小学生から大学生までの各発達段階において共通したものであることが示されており[4]、この運動有能感は体育の授業への継続的な参加が生涯スポーツへと発展していく過程を検討する上で、重要な概念として位置づけられるでしょう。

⑵　運動有能感の性差

運動有能感の個々の側面の程度には、性別によって統計的に有意な差（性差）が見られることが報告されています[4]。男子が有意に高い値を示したのは「身体的有能さの認知」と「統制感」であり、

この差は小学生から大学生までの各発達段階において共通したものとされています。反対に女子が有意に高い値を示したのは「受容感」であり、この差は大学生を除く各発達段階で共通して見られるとされます。このような性差からも、運動・スポーツ場面においては、身体を積極的に動かしスポーツの試合等を先導し運営していくことが男子に求められる性役割であり、友だちとの良好な関係を構築・維持し、集団をチームとして上手く機能させていくことが女子に求められる性役割と言えるでしょう。同時に、このことは運動が苦手な男子、仲間付き合いが下手な女子は体育授業の時間を苦痛に思っている可能性があることを示唆しており、体育の授業を行っていく上で十分に注意しなければならない点であると思われます[4]。

第2項　運動有能感と体育の授業における「楽しさ」との関係

　この運動有能感が望ましい体育の授業のあり方を検討する上で欠かせない理由は、自己の能力に自信を持っている個人が積極的に行動できるのと同様に、運動有能感の程度が子どもたちの主体的、積極的な授業態度と密接に関係しているからと言えます。また、運動有能感は、第1節で述べた「達成の楽しさ」、「親和の楽しさ」という体育の授業の楽しさとも密接に関係していることに気づきます（図3-4）。自分も努力すればできるようになるという認知である「統制感」が高まると、技能の向上に必要な反復練習が促され、結果として、「達成の楽しさ」を実感できることになります。また、周囲に受け入れられているという認知である「受容感」が高まると、周囲のメンバーとの積極的な交流が促され、結果的に「親和の楽しさ」を享受することができると言えます。このことからも、授業に参加する全員が楽しさを享受するための1つの鍵は、一人ひとりがこの「統制感」と「受容感」をいかに身に付けていくことができるか、さらに言えば、授業を担当する教師がこれら2つの運動有能感

第 2 節　運動に対する有能感である「運動有能感」　67

の形成を、さまざまな働きかけを通じていかに支援していくことができるか、ということになるでしょう。

　当初、運動有能感は「身体的有能感」という単独の側面でとらえられ、研究されてきましたが[5]、自身の身体能力の有能さに対する認知である身体的有能感のみで運動有能感をとらえた場合、運動能力や技能の低い子どもを積極的に運動に向かわせる方法を検討することは困難であると考えられます[4]。そのような理由から、「自分もがんばればできる」、「練習をすればできそうだ」という「統制感」、「自分は教師や周囲の友だちに受け入れられている」という「受容感」を加えて、最終的に運動有能感はとらえられています。そして、あとから追加されたこの 2 つの側面は、先に述べたとおり、体育の授業における楽しさと密接に関係するとともに、教師が体育の授業において重視すべき教育目標の 1 つであると言うことができるでしょう。

　第 3 節と第 4 節では、特に運動が苦手な子どもたちの「統制感」と「受容感」の形成に向けた働きかけについて述べていきます。

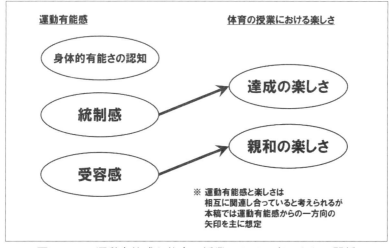

図 3 − 4　運動有能感と体育の授業における楽しさとの関係

第3節 「自分もがんばればできる」の認知を高める働きかけ

第1項 運動へ積極的にチャレンジできる環境づくり

(1) 運動へチャレンジできる心理状態を整える

　運動が苦手な子どもたちが「統制感」を身に付けていく上で最も必要なのは、ある運動の遂行を試み、それが上手く成し遂げられたという「成功体験」であると言えます。ここで大事なことは、それは必ずしも大きなものである必要はなく、小さな成功体験で良いということです。客観的に見るとたとえ小さな前進であっても、運動が苦手な子どもにとっては大きな一歩であり、それが次のチャレンジへの動機づけにつながっていきます。「統制感」はこのような生産的な循環の中で徐々に形成されていくものと考えられます。

　このように考えると、「統制感」の形成に向けてまず教師に求められるのは、運動に対して苦手意識を持つ子どもたちの内面に、運動にチャレンジしてみようという心理状態をいかに作り出すかということでしょう。その一度のチャレンジで見事運動が成功すれば望ましいですが、現実的にはなかなか難しくなります。運動が苦手な子の場合、成功までには何度かの失敗がつきものです。このことからも、運動にチャレンジできる心理状態を作り出すためには、この失敗に対する認識に働きかける必要があると言えます。具体的には、「スポーツ選手も先生も、最初はみんな上手くできなかった」、「失敗の繰り返しだった」等といった経験談を伝え、失敗に対する抵抗感を和らげていくことが挙げられます。ただ練習に向かわせるだけではなく、運動ができない人がどのようにできるようになっていったのかを伝えていくことも大切でしょう。そもそも、一度のチャレンジで成功しようとする考え方は現実的ではありません。それは運動が苦手な子に限らず、得意な子にとっても同じことです。そのような運動学習上の現実的な認識を身に付けられるよう、教師は

第3節 「自分もがんばればできる」の認知を高める働きかけ 69

時間を確保し子どもたちに語りかけていく必要があると言えます。そして、そのような働きかけは、運動技能の習得に向けて積極的に取り組む心理状態の形成に徐々につながっていくと考えられます。

⑵ 運動へチャレンジできる雰囲気を整える

また、当然のことですが、運動ができて当たり前という前提で授業を進めていくことは望ましくありません。そのような雰囲気の中では、運動ができないことは悪いことと感じられてしまい、運動が苦手な子は委縮してしまう可能性があります。どのような技能レベルであれ、上達に向けて努力することに価値が置かれ、失敗を繰り返しながら熟達に至る過程が重視される雰囲気を、教師が作り出していく必要があります。そのような雰囲気は専門的には「熟達雰囲気」と呼ばれ、子どもたちの課題志向性（知識の獲得や技術の向上によって能力を伸ばすことを重視する志向）の形成に、また、体育の授業に対する満足感にそれぞれ正の影響を及ぼすことが報告されています[6]。熟達雰囲気の中では、うまくできなくても「ドンマイ！」といった子どもたち同士の励まし合いの声かけが自然に生まれ、「みんなも応援してくれているからもっと頑張ろう」という積極的な態度の形成が期待されます。子どもたち一人ひとりへの直接的な働きかけとともに、授業における雰囲気づくり、環境づくりも教師の大切な役割として求められています。

第2項 成功体験を得るための スモールステップ方式の適用

⑴ スモールステップ方式とは

運動に適した心理状態の形成とともに必要なのは、実際に成功体験を得るための課題の設定です。すなわち、運動が苦手な子にどのような難易度の課題を提示するかということです。運動が得意な子と同じような難易度の課題を提示しては、成功体験を得ることはお

ろか、運動に対する動機づけを失ってしまうことになるので注意が必要です。そこで、運動に対する動機づけを維持しつつ、小さな成功体験を得られやすい方法として、「スモールステップ方式」による課題設定を紹介します。これは例えば、運動が苦手な子がより高いレベルの課題の達成（最終目標）を目指すにあたり、その最終目標までの過程を段差（レベル差）の少ない階段状にとらえ、無理なく進んでいけるように工夫する方法です。この場合、1つのステップを登り終えることが小さな成功体験を意味します。

(2) 動機づけを維持できる難易度の設定

このスモールステップ方式で重要なのは、最終目標の達成へとつながっていく階段を、どの程度の段差で設定するかという点です。これに関しては、現状よりも1割増しの難易度の課題を設定することが最も効果的であることが示唆されています[7]。例えば、小学校のソフトボール投げにおいて現状が20mの飛距離であれば、その次は22mを目指してチャレンジすることが、最も飛距離が伸びる可能性があるということです。1割ではなく、より高みを目指すことにも意義はあると思われますが、自分自身にとって高度な課題設定である場合、そこから潜在的に感じられる見通しの厳しさが、運動の遂行に負の影響を及ぼしてしまうのかもしれません。一見、遠回りのようでも、それほど難易度の高くない課題をコツコツとクリアしていくことが、最終目標の達成につながる確実な方法であると考えられるでしょう（図3－5）。このような目標の達成に向けた歩み自体は、山登りにおいて山頂を目指すプロセスと非常に類似しています。登山者の多くは、自分自身に合ったペースのもと、一歩一歩、山頂に向けて少しずつ歩みを進めていきます。その様子はまさにスモールステップ方式そのものであると言うことができるでしょう。

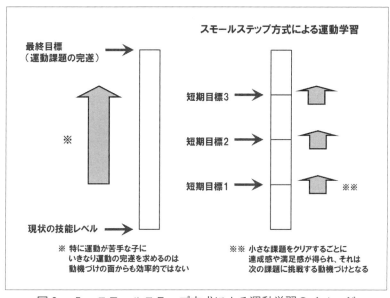

図3−5　スモールステップ方式による運動学習のイメージ

第3項　スモールステップ方式の展開において必要な教師の役割

　先に述べたソフトボール投げの場合であれば、現状の技能レベルは数値として容易に把握することができますが、例えば、バスケットボールのような技能レベルを数値として表現することが困難な場合はどうしたら良いでしょう。その場合は教師がその子の様子を注意深く観察し、現状の技能レベルを正確に把握する必要があると言えます。そして、スモールステップ方式を適用する場合は、運動課題の完遂をいきなり求めるのではなく、課題となる運動を第一段階、第二段階、そして最終段階といういくつかのステップに分け、その個々のステップの達成を順に求めていく展開が想定されるでしょう。ここで教師に求められるのは、子どもたちの運動の様子を正確にとらえる観察力と、対象となる運動の一連の動作を、細かな課題（短期目標）として細分化してとらえることができる分析力とな

ります。子どもたちは自分自身の技能レベルを概ね把握できたとしても、その1割増しの課題を自ら設定することは簡単ではありません。その子の能力に合った課題をスモールステップとして提示できることが教師には求められています。遠い目標よりも、頑張れば確実に達成できる近い目標を順々に提示することで、子どもたちの成長を効果的に引き出すことができると言えるでしょう。

　また、器械運動のような多数の運動課題（技）が対象となる場合は、前転、後転のような基礎的な運動から着実に取り組んでいくこと自体がスモールステップ方式であるとも言えます。たとえ基礎的な運動であっても、その1つひとつができたという感覚は、「自分はがんばればできる」という「統制感」の形成につながり、続く中程度、高度な運動課題にチャレンジする姿勢の形成に結びついていくと考えられます。

第4項　「統制感」の形成に向けた動機づけを高める働きかけ

⑴　可視化による効果

　スモールステップ方式にもとづく学習の中では、運動課題完遂までの現在地や一連の運動課題の達成状況を何らかの形で可視化することで、子どもたちはより達成感や満足感を得ることができると考えられます。また、そのような快感情を得るための課題が明確に示されることで、動機づけを維持しながら運動学習に取り組んでいくことができるでしょう。可視化の方法自体は、各自に学習カードを持たせて自ら管理させるのか、あるいは教師が一人ひとりの状況を観察、記録し、クラス全体として提示する等の方法が挙げられます。

　可視化という点では、毎回の授業初めに今日の目標（短期目標）を紙に書き出すという方法もあるでしょう。その日取り組む目標を頭の中だけで考えていると、途中で目標を忘れてしまうという事態も起こるでしょう。実際に紙に書き出すことで、目標をより強く意

識することができると考えられます。あるいは、書き出した目標を
よく目に付く場所に貼り出しておいても良いかもしれません。

(2) 言葉かけによる効果

　学習者の意欲を喚起するその他の働きかけとしては、「褒める」
という言葉かけが挙げられます。当然ではありますが、子どもたち
は教師に褒められればやる気が高まり、叱られたり、注意されたり
すればやる気が低下してしまいます。教師による言葉かけが子ども
たちに与える影響は、教師が考える以上に大きなものであると認識
しておくべきでしょう。その褒めるという行為だけをとっても、た
だ闇雲に褒めれば良いというわけではありません。意味のない褒め
言葉はすぐに子どもたちに見透かされてしまいます。運動が苦手な
子の場合は、どんな些細なこと、小さなことでも達成できた時にタ
イミング良く褒めることが大切です。また、そのような子の中には、
運動が成功した時に「たまたまかな」と思ってしまう場合もあると
考えられますので、その時に「努力の成果だよ」と念を押すことが
大切です。
　そのような効果的な言葉かけを行っていくためには、子どもたち
一人ひとりの様子を教師は注意深く観察しておくことが求められま
す。数十人が一斉に運動に取り組む状況下において、教師が自分自
身のみに直接声をかけてくれることは、子どもたちにとって特別な
思いのすることでしょう。さらに言えば、子どもたちは教師からの
フィードバックを常に心待ちにしていると言えます。自分の運動が
上手くできているのかどうなのか、自分自身で判断することは難し
いため、子どもたちはその出来ばえに対する評価を常に教師に求め
ていると言えます。常に褒めることは難しいとしても、少しでも前
向きな言葉を一人ひとりにかけられる技量を教師は持ちたいところ
です。
　このような教師による言葉かけの影響は、その対象となる子ども
だけに留まりません。子どもたちは、運動に取り組みながらも教師

の様子を観察しており、教師が前向きな言葉を発し続けていれば、その様子を学習・模倣し、子どもたちもお互いにポジティブな言葉を自然と発するようになると考えられます。そして、行く行くは友だち同士で学び、教え合える環境の構築につながっていくのではないでしょうか。教師一人の振る舞いがクラス全体に波及する可能性があるということです。

第4節　子どもたちが安心して運動に取り組める環境づくり

第1項　「受容感」の形成に向けて

⑴　「受容感」の形成を促す必要性

　本節では、教師や周囲の友だちに受け入れられているという認知である「受容感」の形成について述べていきます。一見、「受容感」は体育の授業とは関係性が薄いように思われますが、特に運動が苦手な子どもにとっては、安心して授業に参加することができるか否かを決める重要な認知であると考えられます。なぜなら、見方によっては体育の授業場面では子どもたち一人ひとりの運動の様子はクラス全員の前で晒されることになり、仮に上手く運動ができなかった場合、恥をかかされたという感覚を抱いてしまうことになるからです。そして、そのことは体育の授業に対して強い嫌悪感を抱くことにつながっていくと考えられます。

⑵　「受容感」の形成を促す環境

　では、そのようなことを未然に防ぐために、教師はどのような手立てを行う必要があるでしょうか。まず、「受容感」の中身についてもう少し詳しく見ていくと、受容感自体は「運動をしているとき、友だちがはげましたり、応援してくれます」、「いっしょに運動をしようとさそってくれる友だちがいます」、「いっしょに運動する友だちがいます」という認知からなるものです（**表3－1**）。すなわち、クラスやチームの中に、みんなが一緒に運動課題に取り組む関係、子どもたちが互いにサポートし合う関係が構築されている時に、「受容感」の形成は促進されると言えます。ここで注意する必要があるのは、ただ単にチーム（グループ）分けを行っただけでは、「受容感」の形成には必ずしもつながらないということです。グループ分けはあくまでも「受容感」の形成に向けた環境面での準備であり、

76　　Ⅲ　体育・スポーツで子どもの心はどう育つの？

そこから教師によるさらなる働きかけが求められるということになります。

　みんなが一緒に運動課題に取り組む、子どもたちが互いにサポートし合うという望ましい関係性がグループ内に出現するということは、ある意味チームとして成熟した状態にあると言え、言い換えれば、チームとしてのまとまりが見られている状態であると言えます。チームの「まとまり」や「団結力」等のことを専門的には「集団凝集性」と呼び、スポーツの場合、集団凝集性とチームパフォーマンスとの間には正の関連性が認められることが報告されています[8]。子どもたち一人ひとりの「受容感」の形成を促すためには、チーム分けを実施しただけでは不十分であり、そこからさらにチームのまとまり（集団凝集性）を高めるための教師による働きかけが求められるということになります。

第2項　「受容感」の形成を促す働きかけ

⑴　鍵を握る子どもたち同士のコミュニケーション

　先に述べたとおり、チームにまとまりがあるとは、チームとして成熟していることを表していますが、そのような状態は簡単に作ることができるものではありません。そのため、教師は場当たり的な対応ではなく、計画的で系統的な見通しとともに、さまざまな働きかけを行っていく必要があります。競技スポーツの現場では、チーム目標の達成に向けてチーム力を発揮できるようにするための支援として、「チームビルディング」と呼ばれる心理サポートが行われています。そこではメンバー間の相互作用を改善することを主な目的として、訓練を受けたスポーツ心理学の専門家がチームに対してさまざまな働きかけを行っています[9]。研究レベルにおいても、チーム力の発揮につながるチームのまとまりを高めるためには、メンバー間のコミュニケーション（交流）を活性化させる必要性があることが示唆されています[10]。これらのことからも、チームのまとま

りを高めるための働きかけの１つとして、チーム内に親密な人間関係を構築できるか、ということが挙げられます。チーム分けを実施すれば、子どもたちはチーム内において必然的にコミュニケーションを取る状況となりますが、場合によっては表面的なやりとりに終始してしまう可能性もあります。肝心なのは、そこでのコミュニケーションを活性化させ、深化させることができるかということです。そのためにはまず、運動が苦手な子も含め、チームに所属する全員の意識がチームに向いている必要があります。チームにおけるメンバー全員が、チームへの所属意識を持ち、主体的かつ積極的にメンバーとコミュニケーションをとろうとする姿勢・態度が形成される必要があるのです。

(2) チーム内のコミュニケーションを活性化させる働きかけ

　そのために必要な教師による働きかけは、何も特別なものではありません。例えば、チーム分けを実施した直後であれば、互いに自己紹介をする時間を設けるようにする。その際、各自が呼んで欲しいニックネームを決めるようにしてもいいでしょう。球技の授業であれば、パス練習の際に相手の名前（ニックネーム）を呼んでからボールを投げるというルールにすれば、効果的に相互理解を深めることができます。さらに、自分たちのチーム名を自由に決めてもらうことで、チームへの愛着を高めてもらうこともできるかもしれません。また、各自の特徴を踏まえた役割を決めることで、チームの一員としての意識を高めることもできると思われます。通常、リーダーはチームに一人だけという認識ですが、一人ひとりの役割を「○○リーダー」と呼ぶように工夫するだけでも、チームに対する責任感を高めることができるのではないでしょうか。加えて、チームが目指すゴールであるチーム目標、さらにはその達成のために必要な一人ひとりの個人目標を話し合いによって決めるようにしても良いでしょう。そうすることで、自分はチームに欠かせない存在であるとの意識を全員が持つことができるのではないでしょうか。

ここで述べた、チームのまとまりを高めるための働きかけの多く
は、単元の序盤で展開されることが望ましいものと言えます。また、
単元全体を通じて実施可能な、チーム内のコミュニケーションを活
性化させる授業ごとの働きかけとしては、チーム単位での作戦会議
の時間を設けたり、授業の終わりに振り返り（反省会）の時間を設
けたりすることが挙げられます。あるいは協同作業の機会として、
授業の準備や後片付けをチームごとに行うようにしても良いでしょ
う。さらに、子どもたちに模倣してもらいたい、チームのまとまり
を高めることにつながると期待される種々の言動を、教師がロール
モデルとして積極的に子どもたちに提示していくことも効果的でし
ょう。具体的には、ハイタッチや円陣、応援や励まし等の前向きな
言葉かけです。

　これら子どもたちへ向けた働きかけを概観すると、教師は１から
10までの全てを授業場面において事細かく指示するのではなく、ク
ラス全体を効果的に機能させることできる、ファシリテータとして
の能力が求められると言うことができるのです。

第3項　親密な人間関係を促進するコミュニケーションの形

(1)　自らの情報をオープンにする自己開示

　子どもたち一人ひとりの「受容感」を高めるための働きかけの核
となるのは、それぞれのチームにおけるコミュニケーションを活性
化させることであると述べましたが、コミュニケーション自体は第
１節の「楽しさ」と同様に広い意味を持つ言葉であり、その行い方
にはさまざまな形があります。例えば、「自己紹介をする」、「挨拶
をする」、「質問をする」、「話を聴く」等はどれもコミュニケーショ
ンの１つの形であると言えます。それでは、相手との関係を活性化
させるためには、具体的にどのようなコミュニケーションを行えば
良いのでしょうか。その答えの１つとなるのは、相手に自己を開示
する、すなわち、自己開示にもとづいたコミュニケーションである

第4節　子どもたちが安心して運動に取り組める環境づくり　79

と言うことができます。

　自己開示とは、文字通り相手に対して自分自身のことをオープンにするということです。具体的には、自分がどのような人物であり、いま何を考え、何を感じ、何を悩み、何を夢見ているか等を相手に伝えることを指します[10]。このような自己開示を子どもたち同士が行うことができれば、相互理解が深まり、メンバー間の心理的な距離感も縮まっていくと考えられます。事実、自己開示は親密な人間関係を促進すると言われています[11]。このような効果は、人は他者から自己開示を受けると、それと同程度の自己開示をその相手に戻すという「自己開示の返報性の原理」からも説明することができます。すなわち、自己開示にもとづいたコミュニケーションには、相手との関係が親密化する方向での良い循環が認められるということになるのです。

図3－6　自己開示を交えたコミュニケーションは親密な人間関係を促進する

(2) 体育の授業と自己開示との関係性

現在では、詩や小説、絵画、音楽、演劇という文芸や芸術、スポーツ等の身体活動も間接的・抽象的な自己開示の行為と考えられています[12]。体育の授業との関連で言えば、これは大学生の例ではありますが、自己開示そのものは、体育の授業場面[1]において一般的に展開される経験の1つとして位置づけられています（表3-2）。

このように自己開示を広くとらえていくと、体育の授業場面においては言語的な自己開示に加え、運動を通じた身体表現としての自己開示も併せて展開されていると理解することができます。さら

表3-2　大学の体育の授業場面で展開される
一般的な経験を評価する項目[1]

自己開示

- ・人に自分の気持ちを伝えることができたことがあった
- ・自分が思っていることを友人らに伝えたことがあった
- ・誰かに個人的な話をしたことがあった
- ・誰かがいつも話を聞いてくれた

他者協力

- ・チーム全体でまとまってプレーしたことがあった
- ・同じチームの仲間と協力してプレーしたことがあった
- ・たくさんの人たちと協力しあったことがあった
- ・同じチームの仲間と励ましあいながらプレーしたことがあった

挑戦達成

- ・自分にはできないだろうと思っていたことができたことがあった
- ・難しそうと思っていたことができたことがあった
- ・これまでにやったことのないプレーや技に挑戦し、うまくいったことがあった

楽しさ実感

- ・和気あいあいとした雰囲気の中でプレーしたことがあった
- ・のびのびとプレーできたことがあった
- ・自由に練習したり、ゲームをしたりしたことがあった

に、スポーツの試合を行うような場面では、展開によっては喜びや驚き、悔しさ等の多様な感情が表出することもあるでしょう。これらの感情表現は、「世間話をする」、「自分の意見や考えを述べる」等の自己開示に比べ、より程度の増した自己開示の形としてとらえられています[13]。以上のことからも、体育の授業は子どもたちがお互いのことをより深く理解していくための場として機能することができると言えます。

⑶　自己開示に抵抗を感じる子どもへの働きかけ

　中には自己開示に抵抗を感じる子どもたちもいることが予想されます。そのような場合は、先に述べた「自己開示の返報性の原理」を上手く活用する必要があるでしょう。自己開示を苦手とする子に直接的に自己開示を促すのではなく、まずはそのような子に対してこちらから自己開示を行い続けることにより、その応答として間接的に自己開示を引き出すという方法です。その起点となる自己開示を行うのは、必ずしも子どもたちである必要はなく教師自身であっても構いません。むしろ、クラスの雰囲気を左右するほどの影響力を持つ教師からの自己開示の方が効果的である可能性があります。教師として、子どもたちとの間に一定の距離を確保、維持することは必要ですが、時にユーモアを交えながら教師が率先して子どもたちに自己開示を行うことは、自分自身をさらけ出すことが許容される雰囲気づくりに効果を発揮すると言えるでしょう。

　また、自己開示自体は、自分は周囲に受け入れられているという認知である「受容感」が形成されることで促される可能性もあります。そのようなことからも、クラス全体にわたり自己開示を交えたコミュニケーションが活発に展開されているとき、それは子どもたち一人ひとりに「受容感」が形成されている証でもあると言うことができるでしょう。

第4項　授業に参加する全員が
　　　　体育の楽しさを享受するために

　ここまで、「達成の楽しさ」や「親和の楽しさ」という体育の授業における「楽しさ」を子どもたちが享受するために必要な、「統制感」や「受容感」の形成に向けた教師による働きかけについて述べてきました。これらの働きかけを概観しても分かる通り、体育の授業を担当する教師は運動のエキスパートであるだけでは、その強みを存分に活かすことは困難となる可能性があります。確かに、自身の運動学習の経験や専門知識にもとづく的確なアドバイスができることは素晴らしいですが、特に運動が苦手な子を運動に向かわせるためには、むしろそれ以外の働きかけの部分が重要になってくると言えます。最も大切なことは、運動が得意、スポーツが好きな子だけではなく、さまざまな運動能力や技能レベルにある子どもたちにも柔軟に対応することができる、多様な働きかけの引き出しを教師自身が身に付けておくことと言えるでしょう。

　また、体育の授業では教室内の固定された位置関係ではなく、子どもたち一人ひとりは自由に動き回り、そこには多様な人間関係にもとづく相互作用が生じます。そのため、運動の学習を行う場ではありますが、学習面での直接的なアドバイスに加え、その学習が効果的に進むための全体的なマネジメントが併せて実施される必要があります。その1つに挙げられるのが、運動が苦手な子をはじめ、授業に参加する全員が安心して運動に取り組める環境づくりです。そのように考えると、体育の授業における楽しさの享受へ向けては、まず、「受容感」の形成を目指し、その後、「統制感」の形成を試みるという順序で進めていくことが効果的と言えるでしょう。

　体育の授業で実施される運動の学習は、多くの場合が集団、またはチーム内で展開されるものです。そこでの学習に嫌悪感を抱く子どもが一人でもいると、チーム内の雰囲気はどこか悪いものとなり、学習の効果も低下してしまうおそれがあります。限られた学習

の時間を有意義なものとするためにも、「受容感」と「統制感」の形成に向けた学習の場づくり、雰囲気づくりといった環境づくりを、教師は常に心がけておきたいものです。

文献

1）島本好平・石井源信（2007）「体育の授業におけるスポーツ経験が大学生のライフスキルに与える影響」『スポーツ心理学研究』34(1)：1-11.

2）森田啓之・山本忠志・高田俊也・千駄忠至・岡　秀郎・寺岡敏郎・松下健二・永木耕介・畑野裕子・本多靖浩・小林　篤・三野　耕・後藤幸弘・荒木　勉（1996）「本学の教養教育における「体育実技」の実践成果に関する検討─「体育実技Ⅰ」について─」『兵庫教育大学研究紀要』第3分冊，自然系教育・生活・健康系教育，16：57-69.

3）文部科学省（2017）『スポーツ基本計画』
http : //www.mext.go.jp/prev_sports/comp/a_menu/sports/micro_detail/__icsFiles/afieldfile/2017/03/23/1383656_002.pdf

4）岡沢祥訓・北　真佐美・諏訪祐一郎（1996）「運動有能感の構造とその発達及び性差に関する研究」『スポーツ教育学研究』16(2)：145-155.

5）北　真佐美・岡沢祥訓・森田美穂子（1995）「体育授業における生徒の身体的有能感と授業評価との関係」『奈良教育大学教育研究所紀要』31：15-23.

6）中須賀　巧・阪田俊輔・杉山佳生（2017）「高校体育における動機づけ雰囲気および目標志向性が生徒の体育授業満足感に与える影響」『体育学研究』62：297-312.

7）松田岩男・杉原　隆（編著）（1987）『新版運動心理学入門』大修館書店.

8）Carron, A. V. (2002) Sport psychology cohesion and performance in sport : A meta analysis. Journal of Sport & Exercise Psychology, 24：168-188.

9）土屋裕睦（2016）「チームビルディング」高見和至（編）『スポーツ・運動・パフォーマンスの心理学』化学同人．pp.187-200.

10）持田和明・高見和至・島本好平（2015）「チームスポーツ競技における集団凝集性および集団効力感に影響する個人要因の検討─構成員のライフスキルが集団に及ぼす影響─」『スポーツ産業学研究』25(1)：25-37.

11）榎本博明（1997）『自己開示の心理学的研究』北大路書房.

12）清水安夫（2003）「スポーツにおける自己開示と表現」『体育の科学』53：925-929.

13）安藤清志（1994）『見せる自分／見せない自分─自己呈示の社会心理学─』サイエンス社.

Ⅳ　運動はどう上達するの？

Ⅳ 運動はどう上達するの？

第1節 運動習慣を身に付ける

第1項 好きこそものの上手なれ

　小学校学習指導要領（平成29年公示）解説体育編の第1章総説の
2体育科改訂の趣旨及び要点、(1)体育科改訂の趣旨では、「運動す
る子供とそうでない子供の二極化傾向が見られること」を今後の課
題としています。この課題は、幼少期の運動経験がその後の運動習
慣に影響することを懸念するものです。将来、子供たちが健康の保
持増進を図る資質や能力を身に付けるためには、スポーツを習慣化
することが大切です。そのためには、運動が苦手な児童や運動に意
欲的でない児童に配慮して指導することが必要です。

　体育は、クラスメイトに「できる、できない」がはっきりとわか
る教科です。子供たちが体育を好きになる理由は、「運動が上手に
できた」などの能力に関するものです。逆に嫌いになる理由は、「恐
怖」や「できなかった」ことなどの失敗経験です。運動が苦手な子
供にとって体育は、決して「気晴らし」や「ストレス解消」ができ
る時間ではなく、精神的ストレスを感じる時間です。子供は8歳頃
になると、他者との能力差を意識するようになります。みんなの前
で跳び箱が跳べない、プールで溺れた、ハードルに足をぶつけて転
倒したなどの失敗経験は、運動に対する消極的な態度を形成する要
因になります。そして、ますます運動の機会を失い学習が遅滞しま
す。逆に、運動が得意な子供は、運動に対する有能感や達成感を感
じて運動が好きになり、積極的に学習する機会を拡大させます。
「好きこそものの上手なれ」と言うことです。

　幼少期の運動経験が、スポーツを愛好しながら健康的なライフス
タイルを送る資質や能力を獲得する基盤になります。子供たちに

「運動は楽しい」、「練習すればできる」と感じる快感情や有能感を持たせることが大切です。体育やスポーツによって得られる快感情は、精一杯身体を動かすことの爽快感、技能の上達、友達や先生からの励まし、みんなと学ぶ楽しさ、勝利の喜びなどによって得ることができます。このことは、子供の学習意欲に大きく影響します。

渡辺（2009）は、「有能感や自己決定感、他者受容感が学習意欲に大きく関わること」を指摘しています。先生や子供同士の肯定的な関係が、子供たちの心を開放し、失敗を恐れることなくのびのびと運動課題にチャレンジする雰囲気をつくります。

ヒトのポジティブな感情は、脳内の広い部分に働きかけ、包括的な経験知から情報処理するようになり、より困難な運動課題を達成するための思考・判断力を高めます。物事に集中して学習する子供は、そのことに興味のない子供に比べ外部情報に敏感に反応し、情報を処理する力と新たな発想や問題を解決するための解を見つけ出す力が高まります。そして、新たな目標（仮説、可能性）を設定し、積極的に行動するようになります。子供（脳）にとって最も不幸なことは、「目標」や「可能性」などの仮説が見つからないことです。松本（2003）は、ヒトの脳は仮説立証型であると言っています。指導者は、子供に「この練習をすればできるようになるかもしれない」、「なんとなくできそうだ」、「わかったような気がする」という、可能性（仮説）を持たせることが大切です。そのことで学習意欲が高まり、課題に対しても粘り強く取り組み、より高次の情報を処理できるようになります。運動に対する子供の気持ちが変化することによって、運動習慣が身に付いていくのです。指導者は、ネガティブ感情とポジティブ感情は非対称であることを理解することが大切で、子供の気持ちを変える働きかけが重要です。

第2項　価値判断系

子供が運動技能を習得するには、学習意欲（心のエネルギー）を

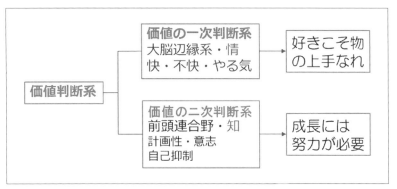

図4－1　価値判断系（松本、2003より今福作図）

引き出す働きかけが大切です。学習意欲は、子供の情と深い関わりのあることが知られています。渡辺（2009）は、「線条体の神経賦活と学習意欲が相関している」ことを報告しています。松本（2003）は、「ヒトの心が知・情・意からなり、情を受け入れ（価値を認め）、意が向上し（脳活性が上がり）、知が働く生物であり、意欲があって知が働くように作られている」としています（図4－1）。

　運動が得意な子供は、価値の一次判断系を使いながら、体育の授業に積極的に参加し、運動課題を効果的に達成します。一方で、体育は苦手だけれど「一生懸命頑張って」できるようになるために努力している子供は、価値の二次判断系を使って学習していると考えられます。そして、その子供は努力の結果、できないことができるようになった瞬間に達成感や有能感を感じることができます。同時に価値判断系は変化し、体育が「好き」になり、積極的な学習態度が形成されます。体育授業では、子供の態度や行動・表情から価値判断系の違いを見抜いて、それぞれに適切な運動課題を設定し、学習させる働きかけが必要です。

第2節　運動学習の仕組み

第1項　なぜ跳び箱が跳べないのか

「開脚跳び」で跳び箱を跳び越すためには、「体の投げ出し」と「手を支点にした体重移動」の技術習得が必要です（高橋、2010）。助走をしながら跳び箱に向かって体を投げ出すように踏み切る「①体の投げ出し」や、跳び箱の上をスムーズに体重移動するための「②手を支点にした体重移動」と、さらに跳び箱から安全に着地するために「③膝を曲げて着地する」動作の習得が必要です。①〜③の動作は、「開脚跳び」に必要な運動技術（コツ）です。上達すると「コツをつかんだね！」と賞賛されます。

運動技術をコントロールするには、脳と体との相互の情報伝達による密接な連携が必要です。特に、脳に記憶される豊富な運動記憶（軸索ネットワークの形成）がそのことを可能にします。従って、跳び箱が跳べない子供は、跳び箱を跳び越すための脳の軸索ネットワークが形成されていないため、情報処理できないので跳び箱を跳び越すことができないのです（図4-2）。

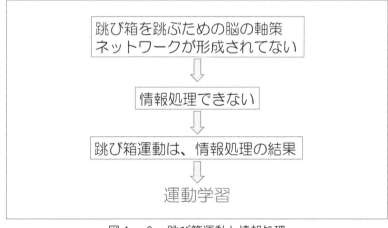

図4-2　跳び箱運動と情報処理

跳び箱を上手に跳び越すためには、跳び箱を跳び越すための脳の軸索ネットワーク（以下、脳回路）を作らなければなりません。そのためには、運動学習が必要です。学習とは、脳の神経回路の構造とそこでの活動を変える戦略です（松本、2003）。子供は、学習によってできないものができるようになり、理解できないものが理解できるようになります。従って、初めてチャレンジすることや経験することは、情報処理するための脳回路が形成されていない場合が多く、むしろできないのが当たり前と考えることも必要です。上達するためには、練習によって脳回路を更新しなければなりません。運動学習は運動技術を獲得する過程であり、運動課題を達成するための脳回路を形成することです。

第2項　即座の習得を可能にするために

　小学校学習指導要領（平成29年告示）解説体育編に示される低学年と中学年の学習内容は、「多用な動きを身に付ける運動（遊び）」や「器械・器具を使っての運動遊び」、「走・跳の運動遊び」、「水遊び」、「ゲーム」、「表現リズム遊び」で構成されています。これらの内容は、遊びの中から色々な動きを学習させることが狙いです。多様な運動の経験は、その後の運動課題を達成のための基盤となります。

　幼児期から小学校中学年頃までは、運動すること自体が楽しい、面白いと感じる時期です。この時期の子供に多くの運動遊びを経験させることが大切です。脳回路の神経細胞同士のつながりであるシナプス結合の強さが動的に変化する「可塑性」によって、からだの動きの多様性が身に付く大切な時期で、運動指導の至適時と考えられます。多様な動きの習得は、より高次な運動技術を獲得する基盤となります。脳回路の中で頻繁に使われたシナプス結合がより強くなり、あまり使われなかったシナプス結合が弱くなると考えられます。学習の初期段階では、子供はぎこちない動きや無駄な動きが多

いものです。必要のない脳回路も使って、混線した状態です。次第に練習を重ね、正しい動きが増え、不必要な動きが抑制されることで脳回路の精緻化が進みます。

　子供が様々な運動を経験することは、動きの多様性を身に付けるための必要条件です。低学年で馬跳びやタイヤ跳びをして遊ぶ経験が、「開脚跳び」のように、より高次な技術を必要とする課題を達成するための基盤になります。

　これまでの内容は、なぜ運動課題をすぐに達成できる子供やなかなか達成できない子供がいるのかを理解するのに役立ちます。クルト・マイネル（Kurt Meinel, 1960）は、「新しい運動経過をすばやく把握して習得することや、多様な条件に対してうまく適応する運動系の能力を『即座の習得』」としています。そして、「このようなすばやい学習が行われるのは、すでに豊富な運動経験を持ち、見た運動に共感する能力が良く発達しているときだけである。練習を長引かせることなく、明らかに『即座の学習』が行われるときには、新しく獲得した運動（条件反射）がこの年齢できわめて早く定着していることに基づくものである。」と説明しています。

第3項　学習者に仮説を持たせる

　スポーツの指導者は、コーチと呼ばれます。コーチ（Coach）という言葉は、「大切な人をその人が望むところまで送り届ける」という動詞の意味を持ちます。コーチングとは、選手の可能性を引き出し、目標に向かって行動を起こさせることです。学校体育では、指導者が子供の能動的な学びに対して、運動課題を達成できるところまで導いていくことが重要です。できない子供は、「どうやって動けば、できるようになるのかな？」と考え、悩みながら目標・仮説（上達のためのコツ）を探しています。指導者には、「こうやって動けば、できるようになる！」ことを子供に上手に伝える指導技術が必要です。その方法の一つが模倣学習させることです。技術を

内面化させるための正しい動きを「まね」させることが大切です。

第4項　見よう見まねの大切さ

　明和（2012）は、「大人が両手をたたいて赤ちゃんの関心を引こうとすると、赤ちゃんもうまく両手を合わせてたたくことはできなくても、手をバタバタさせて似た運動を返す。大人は、乳児の反応を見て喜び、無意識に模倣し返す。互いに行為を模倣し、やり取りが強化されていく。他者の身体部位や動きを、自分のそれに対応させる能力を『身体マッピング』」として説明しています。ヒトは、生まれてすぐに他者の表情やしぐさを模倣することができるのです。スポーツもはじめは、上手くなるために選手やコーチの動きを「見て」、「感じて」、「まねる」、その繰り返しの中から動きのコツ（技術＝運動解決法）をつかみ、上達します。動きを観察しながら、リズムやタイミング、柔らかさなどを感じ取り、自分の体の部分や全体の動きを頭の中でイメージ（企画・構成）します。そして、なんとなく「わかった」とか、「できそうだ」と思いながら練習と検証を繰り返し、より正確に「まね」ができるようになります。

　実際に運動することなく、動きを模倣する回路（ミラーニューロン）を通すことによって、運動の忠実なコピーを脳内に作り、次の運動を予測し企画できます。この内部でシミュレーションする機構がないと不器用になると考えられ、エキスパートの動きを上手にまねるには、内部でシミュレーションする機構が必要なようです。

第5項　模倣学習：まねながら学習する

　下の写真の動きを学生に見せます。動きの違いを表現してもらうと、**写真1**は「しなやか」、「ムチのよう」と答えます。逆に、**写真2**は「堅い」、「ぎこちない」など対照的な答えになります。そして、学生はシャーペンを持って上手に「まね」します。それではヒトは

なぜ、他人の動きを「まね」できるのでしょうか。

この謎に迫る研究が、ミラーニューロンシステムの研究です。ミラーシステムの研究は、RizzolattiらがマカクザルのF5野でミラーニューロンという神経細胞を発見したことが始まりです。マカクザルのF5野は、ヒトの下前頭回（inferior frontal gyrus；IFG）に対応すると考えられています。このニューロンは、運動を実行した時と他者の運動を観察した時に同じように活動する神経細胞であり、他者の動作を理解するための脳内基盤であると考えられています（e.g., Rizzolatti & Luppino, 2001）。ミラーニューロンシステムは、観察学習や模倣学習の中心的な機能を果たしています。そして、単に行動の観察のみならず、行動の意図まで処理し、言語能力や心の理解を含めた非言語能力の脳内基盤の役割を担っていると考えられます。

それでは、ミラーニューロンシステムはあらゆる運動やあらゆるヒトで平等に応答するのでしょうか。ある特定の運動に対して応答することや、ヒトによって反応が異なることが明らかになってきています。例えば、バレエとカポエラという異なる種類の映像を観察している際の脳活動を計測すると、バレエを専門とするダンサーでは、カポエラよりもバレエを見ているときの方が、カポエラを専門とするダンサーでは、バレエよりもカポエラを見ているときの方が、ミラーニューロンシステムの活動が大きくなることがわかりま

写真1　しなやかなペンの動き

写真2　固定されたペンの動き

94 Ⅳ 運動はどう上達するの？

した（Calvo-Merino, et al., 2006）。自己の運動レパートリーに含まれる運動を観察している時の方が、ミラーニューロンシステムが強く活動するのです。つまり、模倣が上手くなるためには、自己の運動を熟達させていくことも重要であるのでしょう。

第6項　感じる力

　私たちは動いた結果から、「からだからの情報（運動感覚）」を感じます。例えば、跳び箱から降ります。膝を曲げて着地した衝撃と、膝を伸ばして着地した衝撃の違いを感じ取り、次は膝を曲げて着地するようになります。運動経験から得た情報をもとに、床から跳ね返る衝撃を緩衝して着地する動きを学習します。安全に着地するための運動解決法（技術）をマスターするのです。この経験は、運動学習によってもたらされた経験知であり、動きつつ感じ、感じつつ動いた結果から得ることのできた知（身体知、運動感覚記憶）になります。多様な運動経験によって得た豊富な身体知や運動感覚記憶は、動きの企画・再構成をする情報源になっています。さらに、身体知は、他人の動きを見てその人が感じていることを、同じように感じることができる共感力にも役立っているのです。外部の世界を脳の内部でシミュレーションする機構がないと不器用になることはすでに述べました。同じように、身体知がなくても不器用になります。外部や内部からの情報を感じ取る力に優れている子供ほど、巧みに運動課題を達成していくのでしょう。

第7項　運動制御の考え方

　次に、自己の運動能力を熟達させるための仕組みについて論じます。まず、全ての運動には目標（ゴール）があり、とりわけスポーツにおける目標は、技の熟達や相手に勝つことでしょう。ヒトは、その道のエキスパートになるために、1日に3〜4時間の集中した

練習を10年続ける必要があると言われています。そして、もっとも熟達した運動は、目標を達成するためのエネルギーコストを最小限にすることとも考えられます。これらの仕組みを可能にして、スポーツのエキスパートになるには、どうしたらよいのでしょうか。

ヒトは、外部の世界を脳の内部でシミュレーションする機構（内部モデル）を持つと考えられています（Pickering & Clark, 2014；図4－3）。まず、自身がある運動を行うための運動指令のコピー（遠心性コピー）を基に、運動の結果を予測する順モデルと、実際に身体を通じて運動した結果が比較照合されます。ここでもし2つの信号の間に不一致が検出されると、予測とのずれ（予測誤差）が修正されます。運動指令の予測が、実際の運動指令の結果と一致していれば思い通りの運動が出来ていることになります。一方で、予測誤差が大きければ、思い通りの運動が出来ていないことになります。

この内部モデルの考えから、運動の熟達は予測誤差を修正していく過程であるということができます。つまり、自分が望む運動と実

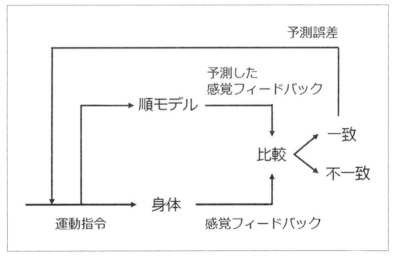

図4－3　運動制御における内部モデル
（Pickering & Clark, 2014より今福作図）

際の運動との誤差を小さくすることが、自己の運動を熟達させることにつながるのです。

第3節　運動学習を支援する

第1項　運動アナロゴン（類似の運動）

　ヒトは、はじめから高次の情報処理を必要とする運動課題を処理することはできません。高次の情報処理を可能にするためには、ある程度の時間と訓練をしながら関係する低次の情報を蓄積し、再構成していかなければなりません。むずかしい運動課題を情報処理するための方法の一つが「運動アナロゴン」を活用する方法です。アナロゴンとは「類似した代理物」ですから、運動アナロゴンは「類似した運動」と解釈できます。新しい運動課題やより高次の学習に先立ち、類似の運動を経験することが、動きの感じ「キネステーゼ」をつかませるのに効果的です。その際、類似の運動は、新しい運動課題やより高次の学習より難易度が低い予備運動を段階的に設定することが大切です（高橋ら、2010）。従って、指導者は類似の運動の基盤となる技術を分析し、良く理解している必要があります。正確な技術（仕組み）を理解し、習得に必要な正しい動きを子供に内面化するための指導技術が重要です。

　新たな運動課題を子供が学習する場合、なかなか「即座の習得」というわけにはいきません。脳の立場からすると、入力情報に対して以前の脳回路からその情報を認知して処理します。しかし、処理できない新たな入力情報や高次情報は、処理できないので「運動できない」、「上達しない」ことになります。上達するためには、段階的に脳回路を更新しなければなりません。運動課題を達成するためには、運動課題の各局面で必要とされる正しい動き（コツ・技術）を抽出し、練習することでその動きに使われる脳回路を強化する必要があります。例えば陸上運動のハードル走の運動局面は、助走→踏切→ハードリング→着地→インターバル走に分けることができます。ハードリングには、「リード足をまっすぐ前に振り出す動き」や「抜き足を地面に平行に各関節を曲げてコンパクトに抜く動き」、「ハ

98　Ⅳ　運動はどう上達するの？

ードルを低く跳び越すための前傾姿勢」など、各運動局面に必要と
される動きの習得が必要です。

　ハードルの上での「前傾姿勢」の習得には、地面に座りリード足
を伸ばし、抜き足を曲げた状態でのハードルストレッチ動作を繰り
返しながら正しい動きを脳に伝え覚えさせます。さらに「抜き足」
の習得には、易しく安全に抜き足動作の習得ができるようにハード
ルの側面を利用した練習をします。ハードルストレッチや抜き足の
練習は、「コツ」をつかむための類似の運動になります。類似の運
動を経験することで各運動局面の正しい動きが習得され、各運動局
面の動きが滑らかに連鎖することによって、ハードリングという運
動のチャンク（塊）が完成されます。各運動局面の正しい動きを「コ
ツ」とすれば、「コツ」が運動チャンクの構成要素になります。そ
して、運動課題は、「コツ」を連鎖させることと言えるでしょう。子
供は、類似の運動で「コツ」を学習し、「コツ」を滑らかに連鎖さ
せながら運動課題を達成します。

　金子（1988）は、技術の習得段階を、『わかるような気がする（運
動技術のコツを与える）』、『できるような気がする（近くのアナロ
ゴン・類似の知覚を必要とする易しい動きを収集・構造化し、運動
メロディを内面化させる）』、『できる（学習者が運動を内観し、運
動の修正・分化ができる）』の３つに分けて説明しています。子供
が類似の運動を経験することで、「わかるような気がする」、「でき
るような気がする」という感覚と同時に可能性（仮説）が脳に芽生
え、その漠然とした感覚を手立てに、反復練習と検証を繰り返しな
がら「できる」段階へと進みます。類似の運動は、子供が運動課題
を達成するための仮説（やる気や運動感覚）を与え、立証（技術習
得）するために必要な学習内容です。跳び箱運動を例にすると、幼
少期のタイヤ跳びや馬跳びなどの運動遊びの経験は、類似の運動の
記憶として子供の脳に蓄積されます。幼少期に様々な運動遊びを経
験することは、知らず知らずのうちに子供の脳に類似の運動感覚
（動きのキネステーゼ）を蓄積することになります。このことは、

「即座の習得」ができる子供の能力に関係します。運動をコーディネーションする能力を獲得する基盤になるのです。

第2項　複雑な情報伝達は上達を妨げる

　複雑な言語指導（理論を伝えること）は、子供の頭を混乱させてしまいます。それは逆に上達を妨げることになります。バドミントンのスマッシュを指導するのに、両手をたたいて音（パーン）で表現することや、跳び箱運動で「うさぎのようにピョーンと跳ぼう」と指導するのは、動きの「コツ」を伝える端的な指導です。しかし、うさぎが跳ぶのを見たことがなければ伝わりません。指導者には、子供の経験知を刺激し、共感させる指導が求められます。経験のないこと、できないことは理解しにくいものです。伝えても、間違ったイメージを与えることもあるので注意が必要です。

　次に運動を言語で表現する難しさについて説明します。ヒトは、運動のすべてを言葉で正確に表現できるわけではありません。自分が自転車にどうやって乗れるようになったのかを、正確に説明できる人はなかなかいないと思います。ボクシング選手に「どうやって相手に勝利しましたか？」と聞いても、選手は「無我夢中でした」とか、「体が勝手に動きました」とか、「直観的に反応しました」などと答えます。高度なパフォーマンスを言語に置き換えて正確に伝えることは大変難しいことです。運動は、言葉では理解できない脳の部分である運動野や運動前野、大脳基底核、小脳などを使っています。すべての運動を意識下で制御しているわけではありません。無意識下でも運動は展開されます。運動を言葉で表現することは難しいことです。運動と言語活動では使っている部分が異なります。

　運動課題を達成するには、複雑な言語指導は避けて各運動局面に必要な正しい動きをよく観察させて端的な言語指導を交えながら認知させ、反復練習と検証を繰り返しながら学習させる模倣学習が効果的です。正しい動きを認知させるのに、タブレット端末の活用は

効果的です。子供の動作を撮影し、その場で動きを誤差修正するための情報をわかりやすく伝えることが大切です。「百聞は一見に如かず」です。自分の動きを認知させて、動きの修正点を理解させることです。間違った動きの反復練習は、間違った脳回路を形成し、上達を妨げます。指導者には、子供の運動学習に対して適切なフィードバック情報を与える役割があります。その情報を受け取り、子供は動きつつ感じ、感じつつ動きながら学習を進めます。指導者は、提供した指導による動きの変化を検証し、教えつつ感じ、感じつつ教え、適切に指導しましょう。また、フィードバック情報の提供は、試行直後が有効といわれています。しかし、過度な情報量や頻度は、子供から運動感覚による学習機会を奪い、「メタ認知」する機会を奪うことがあるので注意してください。

第3項　指導者に必要な共感する心

　できない子供をできるようにするためには、指導者は子供の動きを良く観察しなければなりません。子供の表情や動きから感情や運動感覚を感じ取り、共感できることが大切です。そして、子供の動きの修正箇所（誤差修正）を見抜き、修正するための類似の運動やそれに適する教具を選択・活用し、指導する力が必要です。従って、指導者にも豊富な運動感覚記憶が必要です。この運動感覚記憶がないと、子どもの動きに共感し、適切な動きのキネステーゼ（動きの感じ）を伝えることができないのです。指導者の運動感覚記憶が豊富であるからこそ、子供の上達に最も適した類似の運動を選択し、提供することができるのです。

　体育授業では、子供の「つまづき」も様々です。その個々の「つまづき」に対応しながら巧みな指導をしなければなりません。子供の運動の試行直後に適切な指導をすることは、経験豊富な指導者にも難しいことです。そこでは直観的な判断が求められます。直観は、「思いつき」とは全く異なる脳の働きです。指導者の直観的な指導

力とは、体育指導という習慣的行為選択に必要な多くの経験知のなかから最も有効な方法を提供できる能力です。指導者には、提供する類似の運動で、子どもがどのような運動感覚を体感するのか、動きがどう変化するかを予測する能力が必要になります。内部で運動をシミュレーションする機構がないと不器用になることは前節に記述しましたが、指導にも内部で指導結果をシミュレーションする機構が必要なようです。

第4項　学び合う子供たち

　「能動的に学ぶ体育授業」を成立させるためには、クラスみんなの心が開放的で、主体的で、対話的で、共に学び合う肯定的な関係が成立していることが大切です。そのような学習環境であれば、先生の一方的な「情報入力型授業」になり難いでしょう。子供同士で運動の出来栄えについて分析し、良かった点や改善点を発見し、互いに伝え合うことで「情報出力型」授業が展開でき、学習効果が高まります。そのことは、言語能力、情報活用能力、問題発見・解決能力など現代社会に求められる資質・能力を獲得することにもなります。

　いま、教育現場には主体的・対話的で深い学びの実現に向けた授業改善が求められています。子供たちがタブレット端末などを囲んで、友達の足の動きや体の動きを分析的に思考することで動きの仕組みを理解し、正しい動きに修正するために練習を工夫することで、主体的・対話的学習を展開できます。このような学び合う学習は、子供のミラーニューロンシステムを発達させることになります。学び合う学習は、動きの観察や模倣だけにとどまらず、他人の感情を読み取り、共感し、同情する力を発達させることに繋がります。同時に、友達同士の相互作用の機会が増え、他者受容感を高め、努力し粘り強く学習する態度を育むことが期待できます。

　一方、学び合う学習において注意点がいくつか考えられます。一

つは、学び合うクラスが、ネガティブな状態では意欲的に課題解決に取り組む気持ちが薄れます。ポジティブな感情が問題解決能力を高めます。学習に対して創造的で明るい雰囲気であることが大切です。二つ目に、運動が下手な人ほど運動を理屈で学ぼうとする傾向が強いようです。複雑な言葉による情報交換は、かえって相手を混乱させます。友達の上達のために熱心に指導するあまり、言葉が複雑になりすぎている場合には指導者の介入が必要です。

第5項　上達の壁

　なぜ自分を変えることは困難なのか？　一度身に付いてしまった悪い癖は、なかなか治すことが難しいものです。松本（2003）は、「脳は主観的情報処理システムであり、ヒトはその処理システムを使用して言動出力する」としています。長期間の反復練習によって身に付いた動きは、その人の主観的情報処理システムとして構築されています。子供たちに同じ指導（入力情報）を与えても、返ってくる運動（出力情報）は様々です。最初のコーチの指導によって一度身に付いてしまったフォームは、簡単に改良できません。新たな指導者にフォームの改良を求められても、なかなか理解し変えることができないものです。特に信頼関係のないコーチの言動（指導）を受けても、自分の主観的情報処理システムが邪魔をして、すぐには情報処理できません。疑いや反発心なども芽生え、学習効果が得にくい場合もあります。子供によっても、指導に対する反応は様々です。性別やパーソナリティー、精神状態や能力差、経験知なども考慮する必要があります。いずれにしても改善が必要であることの根拠を伝えて、理解させながら指導することが大切です。

第6項　子供との信頼関係を築くこと

　子供との信頼関係を築くことは、学習を進める上で大切なことで

す。先生の指導は「楽しくてわかりやすい」、「アドバイスの通りやってみたら、できそうだ」、「できるようになった」などの指導力は信頼関係を築く基盤になります。根拠のないアドバイスや賞賛は、かえって信頼を失うことになります。その他にも、子供の話を最後までよく聞く「積極的傾聴」、相槌や笑顔などの「ペーシング」、「PATROL」などの指導者のコミュニケーションスキルは大切な要因です。ノンバーバルコミュニケーションも大切なことです。アイコンタクトや微笑み、感動的なメッセージを体全体で表現し伝えてください。子供は、いつも「見守ってくれている」、「関わってくれている」と指導者の情熱を感じます。子供への効果的な働きかけは、子供の心を開放してやる気を高め、信頼関係をより一層深めることに繋がります。

　信頼関係がない場合、相手に気持ちがうまく伝わりません。信頼関係があるからこそ、指導者を尊敬し、興味や関心を持って話を聞き意欲的に学習するようになります。もしも、信頼関係がなければ逆の反応が起きてしまいます。林（2010）は、信頼関係が同期発火に繋がることを指摘しています。同期発火とは、外部情報に対して、ヒトの情動に関与する脳回路が賦活することで、大脳皮質の神経中枢核の神経細胞が同期的に活動電位を発生させる状態になり、脳の情報処理システムが高まることと考えられています。子供が運動課題を達成するために思考・判断力を高め、学習効果を上げるためにも、信頼関係を築くことが大切です。

文献

1）Brian R.Little：児島修訳（2016）ハーバードの心理学講義．大和書房，pp. 64-65.

2）Calvo-Merino, B., Grezes, J., Glaser, D.E., Passingham, R.E., Haggard, P., 2006. Seeing or doing? Influence of visual and motor familiarity in action observation. Current Biology, 16, pp.1905-1910.

3）林成之（2010）今日からはじめたい脳の才能を育む習慣（DVD）．フェリシモ出版.

104　Ⅳ　運動はどう上達するの？

4 ）稲浪正充・栗山智子・安部美恵子（1994）「色彩と感情について(3)」島根大学教育学部紀要（人文．社会科学），28：35-50.

5 ）金子朋友・島崎仁・松岡弘編（1968）保健科教育論，東信堂.

6 ）彼末一之・水口暢章・坂本将基・中田大貴・内田雄介（2013）「運動イメージとスキル」体育の科学．杏林書院，63(2)：9398.

7 ）クルト・マイネル：金子明友訳（1981）スポーツ運動学．大修館書店，pp. 330-331.

8 ）松本元（2003）愛は脳を活性化する．岩波書店，pp.5-6．pp.22-23．p.74.

9 ）明和政子（2012）まねが育むヒトの心．岩波書店，pp.142-144.

10）水野昇（2003）脳神経科学．三輪書店，p.415.

11）文部科学省（2018）小学校学習指導要領（平成29年告示）体育編．東洋館出版社.

12）Pickering, M. J., & Clark, A. (2014). Getting ahead : forward models and their place in cognitive architecture. Trends in Cognitive Sciences, 18(9), 451-456.

13）Rizzolatti, G., & Luppino, G. (2001). The cortical motor system. Neuron, 31 (6), 889-901.

14）島田裕之（2015）運動による脳の制御－認知症予防のための運動．杏林書院，pp.12-26.

15）高橋健夫・松本格之祐・尾縣貢・高木栄樹（2010）体育の基本．学研，pp. 72-73.

16）高橋健夫・岡出美則・友添秀則・岩田靖編（2010）新版体育科教育学入門．大修館書店，p.28.

17）渡辺恭良（2009）「脳科学と社会」領域シンポジュウム「脳科学と教育」（タイプⅡ）平成16年度採択課題研究終了報告－予稿集－：70-73.

V 運動技術ってなんだろう？

Ⅴ 運動技術ってなんだろう？

第1節 大きな力を発揮するテクニック

　スポーツ活動や日常の作業において、大きな力を発揮する場面はよくあります。実は、大きな力を発揮するには、大きな力を発揮するための体の使い方、テクニックがあります。体の使い方を誤ると、せっかく身につけた体力も十分に活かせなかったり、体の一部に負担が掛かり、作業を続けられなかったりします。

　それでは、大きな力を発揮するテクニックとはどのようなものでしょうか。ここでは、本テーマを理解する基となる生理学的・力学的原理を紹介すると共に、それらを応用した実例を紹介します。

第1項　全身が発揮する力を決定する「筋力の直列連結系」とは

(1) 力は身体のどの部位で発揮されるか

　人間が発揮する力は、筋肉によって生み出されます。そして、筋肉によって生み出された力は関節に現れます。関節と関節の間は骨で連結されているだけですから、そこでは運動は起きませんし、力も発揮されません。関節だけが唯一運動を起こし、力を発揮するのです。

　図5－1のように両手で荷物を持ち上げる場合を考えてみましょう。荷物の持ち上げに関係する関節は、手指関節、手関節、肘関節、肩関節、股関節、膝関節、足関節などです。これらの関節が働いて荷物を持ち上げる力を生み出します。

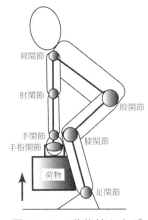

図5－1　荷物持ち上げ動作

⑵　全身が発揮する力の大きさはどのように決まるのか

　図5−1で、この人は何キログラムの荷物まで持ち上げられるのか、つまりこの人の最大挙上力は、一体どのようにして決まるのか考えてみましょう。

　最大挙上力は、以下のように、関係する関節の力の合計と考えられがちです。

最大挙上力＝手指関節の力＋手関節の力＋肘関節の力＋肩関節の力＋股関節の力＋膝関節の力＋足関節の力

筋力トレーニングによって関節の力が増えれば、その分、最大挙上力のアップにつながる、筋力トレーニングを積極的に行うのはそのためだ、と考えます。果たしてこの考え方は正しいのでしょうか。答は「NO」、正解は全く反対です。最大挙上力は、関係する関節の中で最も弱い関節の力に制限されてしまいます。

⑶　筋力の直列連結系

　図5−1をみると、力を発揮する手指関節-手関節-肘関節-肩関節-股関節-膝関節-足関節が、骨や脊柱によって連続的に繋がった状態にあるのがわかります。このように力発生要素（関節）が連続的に繋がった状態を「筋力の直列連結系」といいます[1)2)]。

　ここで注目すべきは、この系を形成している時、体が発揮する力は、全関節の中で最も弱い関節の力に制限されてしまう、ということです。例えば、肩関節の力が最も弱かったとすると、他の関節にどんなに肩関節を超える力発揮能力があったとしても、肩関節の能力を超える力を発揮しないよう制御が掛かってしまいます。結果、体が発揮する力は、最も弱い肩関節の力と等しくなるのです。

　これに似た例として次のことが挙げられます。**図5−1**で荷物を持ち上げる人が足首を捻挫していたとしましょう。荷物を持ち上げる時には、足首にも相当の負担が掛かります。当然、足首には痛みが走り、この人は足首の痛みに耐えられる重量しか持ち上げられない結果となります。他の関節はどんなに力を残していても、捻挫の

足首（＝弱い部位）を守るために、力を発揮しないよう制御が掛かってしまうのです。

第2項　筋肉と筋力の特徴

(1)　筋力は筋肉の太さに比例する

太い筋肉ほど、より大きな力を発揮します。太い筋肉がついているのは体幹部や脚で、腕にはそれほど太い筋肉はついていません。図5－2は体重に対する身体各部の相対重量を示しています[3]。左腕＋左手の重量は体重の6.5％しかありませんが、左脚＋左足は体重の18.5％もあります。腕の約3倍近い重量があり、ついている筋肉の量も格段に大きいことがわかります。比べるまでもなく、脚は腕よりも格段に大きな力を発揮します。大きな力を発揮するには、体幹部や脚部についている太い筋肉の力を上手に活用する技術は欠かせません。

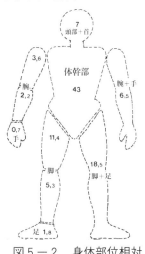

図5－2　身体部位相対重量比[3]

(2)　能動筋力と受動筋力

筋力発揮のしかた2種類、能動筋力と受動筋力を紹介しましょう。能動筋力は、図5－3のように肘関節を屈曲させながら発揮する筋力をいいます。握力なら何かを握りつぶすように発揮する力で、関節角度を変えながら力を発揮するものです。ボールを蹴る時の膝関節の力や腕立て

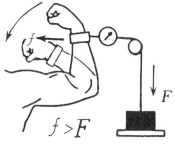

関節角度を変化させながら力を発揮

図5－3　能動筋力
(図は文献4)から引用・改変)

伏せ時の肘関節の力も能動筋力です。

受動筋力は、図5－4のように外から加えられた力に対して、関節角度を一定に保つように発揮する筋力のことをいいます。耐筋力ともいい、外から加えられた力に対抗して、関節を固定するように力

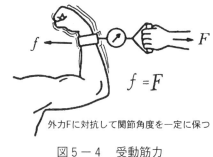

外力Fに対抗して関節角度を一定に保つ

図5－4　受動筋力
(図は文献4)から引用・改変)

を発揮します。握力なら握った手を開かれないように頑張る力です。鉄棒にぶら下がった時の握力がその代表例です。

(3)　能動筋力と受動筋力、力はどちらが強い？

握力では、受動筋力は能動筋力の2.80倍もの力を発揮することが実験でわかっています。握力50kgの人は、実に140kg（＝50kg×2.80）の力まで手を開かないように耐えていられるということ。体操選手が鉄棒の片手車輪で、体重以上の遠心力が手に掛かっても鉄棒をつかんでいられるのはこのためです。屈腕力（肘関節）で1.36倍、上腕屈曲力（肩関節）で1.66倍、いずれも受動筋力の方が強い力を発揮します。能動筋力より受動筋力の方が強い力を発揮するのです。

(4)　動きをつけると筋力は減る

図5－3の姿勢で屈腕力を測定したら、最大屈腕力が30kgだったとしましょう。次に、最大筋力と同じ重量の重り30kgをかけ、全力で肘を曲げるよう指示したら、どうなるでしょう。おそらく、この人は重りを支えるのが精一杯、肘を曲げることはできません。肘曲げを可能にするには、重量を30kgより軽くしてやる必要があります。最大筋力より少し軽くしてやれば、ゆっくりとですが動かせるようになるでしょう。さらに速く動かすには、重量をどんどん軽

くしてやる必要があります。

このことから次の2つのことが分かります。①関節を動かす状態では、筋力は最大筋力より低くなること、②動きが速くなればなるほど、発揮できる筋力は低下すること。関節を動かすと、関節で発揮できる力は低下するという特徴があるのです。

第3項　大きな力を発揮する体の使い方

能動筋力や受動筋力、筋力の直列連結系など、これまでに紹介した内容から、実践的な問題を考えてみましょう。

(1)　材木担ぎ！親父と息子の対決
①　体力的には断然息子が有利だが

材木屋の息子（20歳）が親父（50歳）に材木積みの手伝いを頼まれた時の話。息子は現役の大学スポーツ選手で体力には自信を持っていましたが、家業の手伝いはあまりしたことがありません。親父はこの道の大ベテラン。この2人で住宅建築用の重い柱をトラックの荷台に積み込むことになりました。

柱の重量は1本100kg、2人の肩にはそれぞれ50kgの重量がかかります。父親は、作業に慣れない息子はすぐに音を上げるだろうと内心思っていましたが、息子は日頃鍛えた体力を活かし、父親には負けない自信がありました。さて、どのような結果になったでしょう。

息子も親父も同年齢の一般人よりは体力がある方だと思われますが、ここでは分かりやすくするために、体力レベルを同年齢の一般人と同程度にしましょう。上体を引き起こす背筋力は、父親130kgに対し息子150kg、脚筋力は、父親300kgに対し息子500kgとします。また、関節を動かしながら力を発揮する能動筋力の場合、筋力は5分の4に減少、関節を固定する受動筋力の場合、筋力は1.3倍に増大すると仮定しましょう。

② 受動筋力と能動筋力の使い分け

　結果は、息子の完敗！腰を押さえて早々にギブアップ。その理由を考えてみましょう。

　図5－5は柱担ぎ上げ動作の図です。息子は脚部を固定し、背筋力による上体の引き起こしで重い柱を担ぎ上げようとしました。脚筋力は受動筋力として脚部固定に使ったため500kg→650kgに増大（1.3倍）、背筋力は能動筋力として動かしたために150kg→120kg（5分の4）に減少する結果になりました。筋力の直列連結系から、全身の力は筋力の弱い方、つまり背筋力120kgに制限されてしまいました。

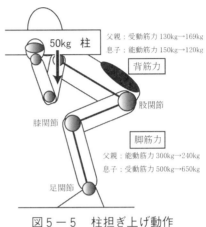

図5－5　柱担ぎ上げ動作

　一方、ベテランの父親は背筋力の方が弱いことを経験的に知っていましたので、腰を固め、背筋力を受動筋力として使いました。能動筋力で動かしたのは力の強い脚筋力です。その結果、脚筋力は300kg→240kg（5分の4）に減少しましたが、背筋力は130kg→169kg（1.3倍）に増大。筋の直列連結系から、全身の力は、父親の場合も背筋力に制限されますが、その大きさは169kgです。全身が発揮できる力を比較すると、父親169kgに対し、息子120kgという結果になりました。

③ 息子が完敗した理由

　父親と息子で、背筋力と脚筋力の使い方が全く反対です。父親は、筋力の弱い背筋力を受動筋力として使い、筋力の増大を図りましたが、息子は背筋力を能動筋力として使い、筋力を低下させてしまいました。体力的には断然有利だった息子ですが、体の使い方のまずさから、全身の発揮力は父親より劣る結果を作り出してしまったの

です。肩に掛かる柱50kgを父親は169kgの力で、息子は120kgの力で担ぎ上げる結果となり、何本も担ぎ上げている内に、息子が先に腰の筋疲労に耐えられなくなったのです。この差が勝敗を決定づけたといえます。

　力の弱い関節は受動筋力で固定し関節の力を高め、力の中継・伝達要素とします。動かすのは筋力の強い関節です。動きによって筋力が減少しても十分な筋力を確保できるからです。どの関節を受動筋力で固定し、どの関節を能動筋力で動かすか、その適切な見極めは、大きな力を発揮する重要なテクニックです。

(2) カヌー選手の体の使い方

　図5－6はカヌー競技でパドルを漕ぐ時の様子です。選手はパドルを両手で持っていますが、腕で漕ぐようなことはしません。腕の力は弱く、大きな推進力を生み出せないばかりか、すぐに疲れてしまうことを選手もコーチもよく知っているからです。一流選手は、体幹の捻転力、つまり体幹の捻りでパドルを漕いでいます。そのパワー源は体幹部についている太い筋肉です。一見、腕で漕いでいるようにみえますが、大きな力を発揮する太い筋肉を推進力獲得にしっかりと動員しています。

　腕はパドルへの力の伝達要素として使っています。体幹捻転で生み出された力は、肩関節→肘関節→手関節→手指関節を経由して、パドルに伝達されます。この時、腕の各関節は受動筋力

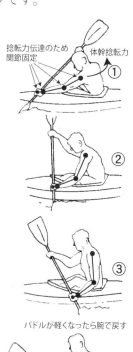

図5－6　カヌーのパドル操作[5]

によって固定され関節の力も増大、さながら腕を一本のクレーンのように働かせています（①－②）。それでも腕は、体幹捻転力のすべてをパドルに伝達しきれていないのです。研究によると、腕の各関節の力と体幹捻転力を比較検討した結果、肩関節の力が最も小さいことが判明、筋力の直列連結系から、肩関節の力がパドル牽引の制限因子になっていることが明らかになりました[5]。パドル牽引力は肩関節の力とほぼ等しくなっていたのです。

　パドルが軽くなったら（③－④）腕でパドルを前に戻します。パドルを前に戻すだけなら大きな力は必要なく、腕でも大丈夫です。

　こうした研究から、肩関節の筋力強化がパドル牽引力アップに繋がることが分かり、筋力トレーニングの具体的な方法も示されることになったのです。

第4項　まとめ：大きな力を発揮するには

　大きな力を発揮する時、多くの場合、いくつかの関節が同時に力を発揮しています。ただやみくもに筋力トレーニングを行い、全身の筋力を鍛えても、なかなか望む結果は得られません。強い関節の力を鍛えてさらに強くしても、筋力の直列連結系の中に力の弱い関節を残したままでは、全身が発揮できる力は弱いままです。能動筋力や受動筋力、筋力の直列連結系の視点から、どの関節の力が最も弱く、全身の力発揮の制限因子になっているのかをみつけ出し、そこを重点的に鍛えることが大切です。最も弱い関節の筋力強化を図ることによって、全身が外に向かって発揮する力もアップするのです。

第2節　スポーツとフォーム ～姿勢反射～

　われわれの身体運動は、意思のコントロールによって行われる随意運動と意思とは全く関係なく起こる反射から成り立っています。反射とは特定の刺激に対して、規則正しく起こる身体の応答です。まぶしいと瞳孔が絞られたり、熱い物に触れた時にとっさに腕を引っ込める、などが身近な例です。生まれた時から身に備わっており、意思とは無関係に働きます。スポーツ活動は意思のコントロールによる随意運動ですが、その根底にはしっかりと反射機構の支えがあることがわかっています。その代表的なものが姿勢反射です。それでは姿勢反射がどのように随意運動を支えているのかみていきましょう。まずは、姿勢反射について紹介します。

第1項　随意運動と姿勢反射

(1) **非対称性頸反射**

　図5-7のように、胴体に対して頭部を右か左に回転させると、顔面側の上肢（＝腕＋手）と下肢（＝脚＋足）は伸展し、後頭部側の上肢と下肢が屈曲する反射が起きます。頭部の回転が、上下肢に伸展・屈曲の反射を誘発するのです。向かって左側の図は、頭部を

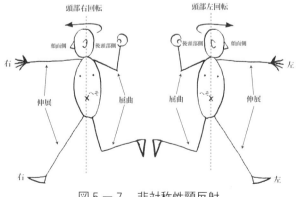

図5-7　非対称性頸反射

第2節　スポーツとフォーム 〜姿勢反射〜　　115

右回転させているので、顔面側の右上下肢が伸展し、後頭部側の左上下肢が屈曲しています。右側の図は、頭部を左側に回転させているので、顔面側の左上下肢が伸展し、後頭部側の右上下肢が屈曲しています。右上下肢と左上下肢で現れる反射（伸展と屈曲）が異なることから、非対称性頸反射と呼んでいます。

　姿勢反射はわれわれの体に潜在しますが、普段の生活行動ではほとんど表に現れません。むしろ反射の法則に則らない行動がほとんどです。これは普段の生活行動が大脳のコントロール下にあるためです。しかし極度の筋緊張等を伴うスポーツ活動では、姿勢反射がよく観察されます。

① テニスのサーブ

　図5－8はテニスのサーブ時にみられる非対称性頸反射の例です。胴体に対し頭部を左回転させており、左上肢が伸展、右上下肢が屈曲する典型的な非対称性頸反射をみせています。随意運動によって頸反射に合致する運動姿勢をとることによって、頸反射を誘発し、ボールを投げ上げる左上肢の伸展緊張を高めると共に、ラケットを持つ右腕および右脚の屈曲緊張を高め、打球準備姿勢作りを助けています。

図5－8　テニスのサーブ

② ボクシングのストレートパンチ

　図5－9はボクシングで左ストレートパンチが決まった瞬間の図です。パンチを放っている選手の頭部は、胴に対して左回転しているのがわかります。頸反射が誘発され、左上肢は伸展し、右上肢が屈曲する典型的な非対称性頸反

図5－9　ボクシングのストレートパンチ

射が現れています。随意的に放った左ストレートパンチが頸反射によって高められ、さらにその威力を増しています。反射が随意運動を強化し、筋力を最高に発揮させる効果を生み出しているのです。

(2) 対称性頸反射

図5-10は対称性頸反射を示しています。胴体に対して顎を引き、頭部を腹部側に屈曲させる頭位（腹屈頭位）をとると、上下肢すべてが屈曲します。反対に、胴体に対して顎を上げ、頭部を背中側に屈曲させる頭位（背屈頭位）をとると、上下肢すべてが伸展します。頭位によって、上下肢すべてが同じように伸展、屈曲することから、対称性頸反射と呼ばれています。

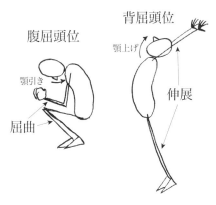

図5-10　対称性頸反射

① 逆上がりと対称性頸反射

鉄棒の逆上がりは、小学校の体育授業で必ず行われるといっていいでしょう。実は、逆上がりには対称性頸反射が密接に関わっています。その前に、逆上がりの動きをみてみましょう。

逆上がりでは、足で地面や補助具を蹴って体に後方回転をつけた後、すぐに両腕を屈曲させて鉄棒に体を引き寄せる必要があります。そして体を小さく折りたたむようにして、鉄棒に絡めていきます。これができると、体が後方に回転しやすい状態になり、逆上がりができるようになります。

図5-11は逆上がりができる子の

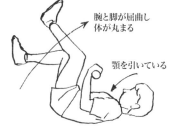

図5-11　逆上がりができる子

動作を示しています。ここで気づくことは、この子の頭位が顎を引いた腹屈頭位にあることです。この頭位にあると、対称性頸反射が働き、上下肢の屈曲緊張が増強され、逆上がりには都合のよい姿勢をとることができるようになります。

一方、図5−12は逆上がりのできない子の動作を示しています。この子は顎を上げた背屈頭位になっているのがわかります。その結果、対称性頸反射が働き、上下肢の伸展緊張が増強され、体全体が伸びた状態になっています。これでは、せっかく地面や補助具を蹴って生み出した体の後方回転も失われてしまって、逆上がりはできません。

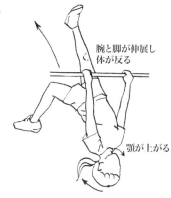

図5−12　逆上がりができない子

② 指導の言葉掛けと姿勢反射

逆上がり指導における言葉掛けの内容も重要です。「ハイ、そこで勢いよく後ろに回って」と言葉を掛けると、子ども達は頭を反らして勢いをつけようとします。その結果、図5−12の子のように、顎を上げた背屈頭位になり、上下肢の伸展が増強されてしまいます。一見、逆上がりと何の関係もない言葉掛けのように思えますが、「そこでおヘソを見て！」など、腹屈頭位に繋がる言葉掛けをしてやることも大切な指導のポイントとなるでしょう。姿勢反射を利用し、逆上がりに必要な姿勢に導く、指導法です。体育指導では、姿勢反射をよく理解し、言葉掛けも慎重に選ぶ必要があります。

(3) 緊張性迷路反射

次に述べる「第2項　倒立がなぜむずかしいのか」を考えるときに必要な姿勢反射をもう一つ紹介します。緊張性迷路反射です。緊張性迷路反射は、空間における頭位によって、上下肢すべてが伸展あるいは屈曲する反射をいいます。空間における頭位とは、重力の

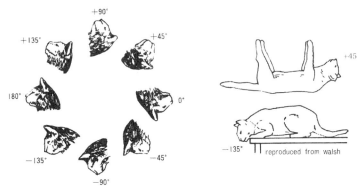

図5−13 緊張性迷路反射[6]

方向に対して、頭部がどのような位置関係にあるかということです。図5−13は頭位と上下肢の伸展・屈曲の関係を示したものです。図の+45°の頭位においてネコの上下肢の伸展緊張が最も強くなり、−135°の頭位において上下肢の屈曲緊張が最も強くなることを示しています。おおまかにみれば、顔面が空の方を向いている時は上下肢が伸展し、地面の方を向いている時は上下肢が屈曲する反射が起こるということです。

第2項　倒立がなぜむずかしいのか、姿勢反射から考える

　身体運動には習熟がやさしい動作とむずかしい動作があります。倒立は習熟が難しい動作の部類に入るでしょう。それでは、倒立はなぜ習熟がむずかしいのか、姿勢反射から考察してみましょう。
　図5−14は倒立の姿勢を示しています。これまでに紹介した3つの姿勢反射は、どれか一つだけが起きるのではなく、同時に組み合わさって起きます。順を追って倒立に起きている姿勢反射をみてみましょう。
① 非対称性頸反射：この反射が起こるのは、胴体に対して頭部が回転をしている時です。倒立の姿勢をみると、胴体に対して頭部は回転しておらず、したがって、非対称性頸反射は起きていませ

ん。

② **対称性頸反射**：この反射が起きるのは、頭部が胴体に対して腹屈頭位、あるいは背屈頭位にある時です。倒立の姿勢をみると、胴体に対して顎を上げた背屈頭位にあります。この頭位ですと、頸反射によって上下肢は強く伸展します。腕で体重を支えるには非常に都合のよい反射です。倒立姿勢維持にプラスに作用しています。

③ **緊張性迷路反射**：この反射は空間における頭位によって決まります。大まかにみれば、空間において顔面が地面の方を向いている

図5－14　倒立姿勢[6]

か、空の方を向いているかです。倒立の姿勢をみると、顔面は地面の方向を向いています。この頭位だと、迷路反射によって、上下肢は強く屈曲します。倒立姿勢維持には都合の悪いマイナスの作用を上下肢に及ぼします。

以上のように、倒立姿勢を姿勢反射からみると、対称性頸反射は上下肢に対して伸展を増強させるように働くのに対し、緊張性迷路反射は上下肢に対して屈曲を増強させるように働きます。つまり、上下肢に対して伸展と屈曲、相反する命令が２つの反射から同時に出されることになります。これが倒立の習熟をむずかしくしている一因であるといえます。倒立の練習を繰り返すことによって、大脳に倒立姿勢をコントロールするプログラムが生成されると同時に、緊張性迷路反射が抑制され、倒立が上手にできるようになるといわれています[7]。

第3項　まとめ：随意運動と姿勢反射

　生得的な反射を上手に活かすことによって、意思のコントロールによって行われる随意運動は強化されます。素晴らしく華麗な一流選手のフォームが似たような形に収まるのは、一流選手が姿勢反射を随意運動に上手に活用している結果と思われます。また、姿勢反射を活かすためには、反射に合致する運動姿勢を取る必要があり、日々のトレーニングは、姿勢反射を誘発する運動姿勢習熟のトレーニングであるともいえます。一流選手のフォームに共通性を感じるのは、随意運動の中に姿勢反射を活かそうとする姿をみているからに他なりません。

第3節　スポーツと素質
～パワー型の筋肉とスタミナ型の筋肉～

第1項　陸上短距離界の女王ジョイナーは
###　　　　マラソン界で活躍できるか？

　フローレンス・グリフィス＝ジョイナー（Florence Griffith-Joyner, 米）は、20世紀最高の女性短距離ランナーです。1988年ソウルオリンピック大会で、陸上競技女子100m競走、200m競走、そして4×100mリレー優勝の3冠を達成。100m競走10秒49、200m競走21秒34という当時では驚異的な世界記録を樹立し、世界中の陸上競技関係者の度肝を抜きました。何しろ同年の日本陸上競技選手権大会男子100m競走の優勝記録が10秒60（日本記録は10秒33）だったのですから、陸上関係者が驚くのも無理はありません。

　そのジョイナーが現役引退記者会見の席上、「今度はマラソンランナーに転向し、スタミナトレーニングを積んで、マラソンの世界でも活躍する」と発表し、集まったスポーツ担当記者を当惑させました。さて、みなさんが記者ならどんな記事を書くでしょう。

　本節のテーマは「短距離界の女王ジョイナーは、マラソンに転向しマラソンの世界でも活躍できるだろうか、その可能性を探る」です。果たして活躍できるかできないか、できるとすればその理由は何か、できないならそれはなぜか？その可能性について、ここでは筋肉のタイプ（筋線維組成）から考えてみましょう。

第2項　白筋線維と赤筋線維

⑴　筋肉の糸＝筋線維

　身体運動を起こしている源は筋肉です。筋肉が収縮して骨を引っ張り、手足を動かします。今、筋肉を1本だけ体から取り出したとしましょう。この筋肉に薬品をかけて揉みほぐしてバラバラにでき

たとしましょう。すると筋肉は、髪の毛のような極細の線維に分かれます。この1本1本を筋肉の糸＝筋線維といいます。

(2) 2種類の筋線維

図5-15は顕微鏡で観察したときの筋肉の断面図です。蜂の巣のように白い壁に区切られたいくつもの部屋が描かれています。黒い部屋と白い部屋がモザイク状に並んでいます。実は、この部屋の一つひとつが筋線維の断面なのです。何十本という筋線維がみえています。黒く描かれている筋線維は、実際は赤い色をしています。肉眼では赤くみえるので、これを赤筋線維と呼んでいます。白くみえる方は白筋線維。われわれの筋肉は、この赤白2種類の筋線維に大別することができます。

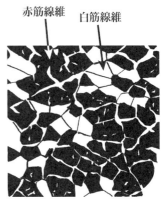

図5-15　顕微鏡模写図

(3) 白筋線維と赤筋線維の収縮特性

では、白筋線維と赤筋線維にはどのような違いがあるのでしょうか。今、筋肉から白と赤の筋線維を別々に集めて束をつくり、電気刺激を加えて収縮させたとしましょう。図5-16は収縮の様子を示した模式図です。

白筋線維は、図のように急激に収縮し大きな力を発揮します。し

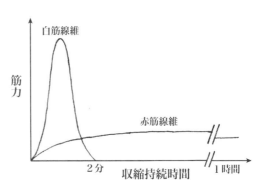

図5-16　白筋線維と赤筋線維の収縮特性

かし、その力は2分ほどで出なくなってしまいます。急峻な山型の収縮応答を示し、収縮スピードが速く力も強いのですが、スタミナには劣ります。タイプでいうと「パワー型の筋線維」です。

赤筋線維は、白筋線維に比べれば収縮スピードもノンビリしており発揮する力も弱いのですが、その力を長時間にわたって持続できます。なだらかな丘のような収縮応答を示します。収縮スピードと力は劣りますが、力発揮持続時間に優れる「スタミナ型の筋線維」といえます。人間だけでなく他の動物の筋肉も、パワー型の白筋線維とスタミナ型の赤筋線維から構成されています。

⑷　別の呼び名

白筋線維と赤筋線維には別の呼び名もあります。収縮スピードの速い白筋線維は速筋（そっきん）線維、収縮スピードが遅い赤筋線維は遅筋（ちきん）線維です。収縮スピードを基準にした呼び名です。最近では収縮特性を把握しやすいためか、速筋線維と遅筋線維が使われることが多くなりましたが、ここでは白筋線維、赤筋線維で話を進めましょう。

第3項　白筋線維と赤筋線維の比率

では、白筋線維と赤筋線維の比率は一体どうなっているのでしょうか。

⑴　ニードル・バイオプシー法

それを調べるには、一昔前まではやや残酷な方法が必要でした。ニードル・バイオプシー法といって、先の尖った太い釘のような器具を皮膚の上から筋肉に差し込み、生きた筋肉のサンプルを採取していたのです。肉片に特殊な処理を施した後、顕微鏡で覗くと、**図5－15**のように白筋線維と赤筋線維を色分けしてみることができます。それぞれの本数を数え、両者の比率を調べるのです。現在では

研究装置の開発が進み、この方法はあまり行われなくなりましたが、昔は盛んに行われていた研究法です。

⑵ 一般人の場合

　白筋線維と赤筋線維の比率は、一般人の場合は白筋線維50％、赤筋線維50％、両者はほぼ同率とされています。100本の筋線維を調べたとすれば、その内の50本が白筋線維、残りの50本が赤筋線維ということです。筋肉の能力からすれば、スピード・パワーもそこそこ、スタミナもそこそこ、ということになります。どちらかが飛び抜けてすごいということもない、ということです。

⑶ 一流選手の場合

　世界選手権やオリンピックなど、世界的な大会に出場するような超一流選手の場合はどうでしょうか。

　この問いに対してスポーツ科学者は考えました。一般人の場合と違うのではないか。ウエイトリフティングや短距離走など素速い動きとパワーが必要な種目の選手は、パワーに優れる白筋線維の比率が高いのでは？反対に、マラソンなどスタミナがものをいう種目の選手は、スタミナに優れる赤筋線維の比率が高いのではないかと。つまり、それぞれの種目の特性（パワー型、スタミナ型）に合った筋線維をより多く備えているから、すばらしい活躍ができるのだと考えたわけです。

⑷ スポーツ種目と筋線維比率の関係

　この予測は見事に的中しました。図5−17は様々な種目について、一流選手の白筋と赤筋線維の比率を調べた研究結果です。斜線のついた棒グラフが白筋線維の割合、残りの空白部分が赤筋線維の割合です。赤筋線維の比率が高い順に、上から並べてあります。

　赤筋線維の比率が最も高いのはマラソン、次いで陸上長距離種目と、スタミナ系種目が並んでいます。マラソンでは、実に全体の約

第3節　スポーツと素質　～パワー型の筋肉とスタミナ型の筋肉～

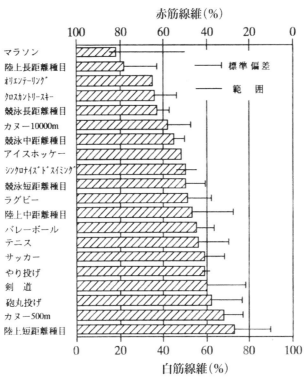

図5－17　競技種目と筋線維組成比率の関係[8]

8割がスタミナ型の赤筋線維で占められているという結果です。スタミナに溢れ、長い距離も得意なはずです。

　グラフ下段に目を移すと、陸上競技短距種目、カヌー、砲丸投げなどのパワー系種目が並んでいます。陸上短距離種目では、白筋線維が全体の7割以上を占めています。瞬発力に優れ、人並み外れたダイナミックな動きができるのも頷けます。

　このように、世界的競技大会の舞台に立つ超一流選手は、それぞれの種目に合った筋肉エンジンをガッチリと備えた強者達なのです。また、そうした筋肉でなければ世界で戦っていけないというのが、今やスポーツ科学の常識にもなっています。世界のマラソン界で活躍するには、赤筋線維が8割程度を占めていることが望まれる

のです。

⑸　ジョイナー選手の筋肉の中身は？

　世界記録樹立、オリンピック陸上短距離種目で3個の金メダルを獲得、こうした華々しい競技実績から、ジョイナー選手は世界最高ランクの白筋線維の持ち主であったと想像されます。おそらく、筋肉の70%以上は白筋線維だったのではないでしょうか。反面、白筋線維の比率が高いということは、マラソンに必要な赤筋線維の比率が低いということを意味します。マラソン選手として活躍するには非常に不利な条件です。では、ジョイナー選手はマラソン選手として活躍できないのでしょうか。

第4項　トレーニングで筋線維を変えられるか

⑴　一分の望み

　ジョイナー選手も記者会見で「スタミナトレーニングを積んで…」と述べていました。走り込みなどのスタミナトレーニングを積み重ねることによって、彼女の持っている白筋線維を赤筋線維に変えていくことは可能なのでしょうか。可能であれば、トレーニングで一流選手と同レベルの赤筋線維を身につけ、マラソン界で活躍する可能性もみえてきます。

⑵　スポーツ科学の答

　この問に対するスポーツ科学の答えは「NO」です。現代のスポーツ科学の定説として、トレーニングによって白筋線維が赤筋線維に、あるいは赤筋線維が白筋線維に変化することはないとされています。白筋線維と赤筋線維の比率は、遺伝的なものであり、生まれた時からその比率は決まってしまっているというのです。赤筋線維の比率が高いマラソン選手は、トレーニングによってそうなったのではなく、生まれつき高かったということです。つまり、これが「素

第3節　スポーツと素質 ～パワー型の筋肉とスタミナ型の筋肉～　127

質」です。生まれた時から備わっている身体的特性なのです。

第5項　結論とまとめ

　ジョイナー選手は、いくらマラソントレーニングを積んでも、自らの白筋線維を赤筋線維に変えることはできないので、おそらく赤筋線維比率3割程度の彼女が、マラソン選手として活躍する可能性は限りなく低いといえます。

　「超一流選手は造られるものではなく、生まれるものである」とよくいわれます。トレーニングが無意味だといっているのではありません。素質を持って生まれてきた選手をトレーニングによって磨いて初めて大輪の花を咲かせることができる、という意味でしょう。白筋・赤筋線維比率はスポーツタレント（将来大成するだろう選手）の発掘に大いに利用されてきました。現在では遺伝子レベルまで研究は発展してきており、今もなお将来性を占う重要なファクターになっています。

引用参考文献

1）宮畑虎彦、高木公三郎、小林一敏（1973）『スポーツ科学講座・8・スポーツとキネシオロジー』大修館書店

2）高木公三郎、熊本水頼編（1980）『身体運動の制御』杏林書院

3）ロルフ・ヴィルヘード（金子公宥、松本迪子訳）（1989）『目で見る動きの解剖学』大修館書店

4）金子公宥（1988）『パワーアップの科学』朝倉書店

5）財団法人日本体育協会（1965）『東京オリンピックスポーツ科学研究報告　カヌー競技』財団法人日本体育協会

6）福田　精（1977）『身体運動と姿勢反射：新体育 Vol.47, No.2』新体育社

7）小林一敏（1999）『スポーツの達人になる方法』オーム社

8）勝田　茂　編著（2000）『運動生理学20講　第2版』朝倉書店

Ⅵ　健康な身体ってなんだろう？

Ⅵ 健康な身体ってなんだろう？

第1節 身体組成とエネルギー消費量

第1項 身体組成

⑴ 身体組成とは

① 水だけで太る？

　人間の体は、タンパク質、脂肪、ミネラル、水分等のさまざまな物質で構成されています。その中でいちばん多いのは水分で、体重の50〜60％を占めています。よく「私は水を飲んだだけでも太ってしまう、水太りです」という人がいますが、本当に水だけで太るのでしょうか？水分は体の細胞の内側と外側にあり、取り過ぎた塩分や糖質の濃度を薄めるために、体組織は水分をため込みます。細胞内や血管に収まりきらない水分が細胞外にあふれだし、むくんだ状態（浮腫）になり、これがいわゆる「水太り」ということになります。細胞内外の水分バランスが正常に保たれれば、余分な水分は尿や汗などで排出されますので、水を飲んだだけで太るということはありません。太るのはやはり、脂肪をため込んでいることが原因と考えられます。

② 肥満とは

　人間の体で水分の次に多いのは脂肪です。「肥満」とは脂肪を体に多くため込んだ状態のことをいいます。体重が重いからといって、「肥満」とはいいません。例えば、スポーツ選手などは筋肉が多いために体重は重くなりますが、体脂肪率は少ないので、肥満ではありません。厚生労働省では、一般成人の男性で体脂肪率15〜20％、女性で20〜25％が「普通」、男性25％以上、女性30％以上が「肥満」と判定されるとしています。

　スポーツ科学の分野では、身体組成は、体脂肪量（fat mass）と

除脂肪量（lean body mass：ＬＢＭ）に大別するのが一般的です。この分け方は、後程、体脂肪率の測定法でもでてきます。除脂肪量には、脂肪以外の体組織、すなわち筋肉や骨や内臓等が含まれます。骨や内臓の重量は短期的には変化しにくいので、除脂肪量の短期間での変化は、主に筋肉量の変化と見なすことができます。

③ 体格指数（ＢＭＩ）

　体脂肪率は、測定法や測定機器等によって誤差が大きく、学校や施設によっては体脂肪率の測定ができないところもあるため、肥満の判定には、体脂肪率と相関のある体格指数ＢＭＩ（body mass index）が使用されています。（ただし、前にも述べたとおり、スポーツ選手では筋肉量が普通の人より多いために、体脂肪率とＢＭＩは相関しません。）ＢＭＩは国際的な基準として使用されており、【体重(kg)】÷【身長(m)の２乗】で計算されます。男女とも標準とされるＢＭＩは22.0であり、これは統計上、肥満との関連が強い糖尿病・高血圧・高脂血症に最もかかりにくい数値とされています。日本肥満学会の肥満度判定基準では、ＢＭＩが18.5未満を低体重、18.5〜25未満を普通体重、25以上を肥満と定め、それ以上を値が大きくなるに従って肥満１〜４度に分けています（図６−１）。一方、ＷＨＯ（世界保健機関）の肥満判定基準では、普通体重は18.5〜25未満で日本肥満学会と同じですが、25〜30未満を肥満予備軍、30以

BMI	判定
18.5未満	低体重
18.5〜25未満	普通体重
25〜30未満	肥満(1度)
30〜35未満	肥満(2度)
35〜40未満[※]	肥満(3度)
40以上[※]	肥満(4度)
※BMI35以上を「高度肥満」と定義する	

図６−１　日本肥満学会による肥満の判定基準

上を肥満と定めています。日本人はもともと農耕文化で飢餓に耐えてきた民族なので、体重減少には適応力がありますが、体重増加に対しては抵抗力がなく、すぐに病気になってしまうと考えられています。実際に、日本人ではＢＭＩが25以上になると、糖尿病に移行しやすい耐糖能異常や高脂血症、高血圧などの頻度が増加することが報告されています。そのため、欧米人よりも低いＢＭＩでも「肥満」と判定することで、病気の予防効果を期待しています。

④ 子どもの肥満判定基準

　子どもの肥満判定としては、ＢＭＩではなく、カウプ指数やローレル指数を使用します。

　カウプ指数は主に乳幼児で用いられ、【体重(g)】÷【身長(cm)の２乗】×10で計算されます。カウプ指数は体重や身長の単位は異なりますが、実はＢＭＩと同じ計算法になります。月齢によって肥満

月齢＼カウプ指数	13	14	15	16	17	18	19	20	21
乳児(3か月~)	やせすぎ		やせぎみ	普通			太りぎみ	太りすぎ	
満1歳									
1歳6か月									
満2歳									
満3歳									
満4歳									
満5歳									

図6－2　「カウプ指数」に基づく発育状態の判断基準[1]

ローレル指数	判定
100未満	やせすぎ
100 ～ 115未満	やせぎみ
115 ～ 145未満	普通
145 ～ 160未満	太りぎみ
160以上	太りすぎ

図6－3　「ローレル指数」に基づく肥満・やせの判定基準

の基準となる値が変わるため、この値なら肥満、というのが難しいです（図6-2）。

　ローレル指数は主に学童児の肥満判定に用いられ、【体重(kg)】÷【身長(cm)の3乗】×【10の7乗】で求められます。ローレル指数では、115〜145未満が普通で、115未満がやせぎみ、100未満はやせすぎ、また145〜160未満が太りぎみ、160以上が太りすぎ、といった判定基準になります（図6-3）。

　カウプ指数もローレル指数も、体重と身長の割合から計算した体格判定であり、子どもでも、スポーツをしていることや遺伝的要因から筋肉が多い、いわゆる「固太り」もいるかもしれません。また、みかけはスマートでBMIでは標準体型だけど、実は体脂肪を多く蓄えている「かくれ肥満」の人もいます。肥満を厳密に判定するには、体脂肪率を正確に測定することが望まれます。

(2)　体脂肪率の測定方法

① 体脂肪率の測定方法の種類

　体脂肪を測定する方法はたくさんあります。全身の体脂肪を測定する「体密度法」、「二重X線吸収法（DXA法）」、体の部分的な体脂肪を測定する「皮下脂肪厚法」、「生体インピーダンス法」等があります。

② 全身の体脂肪測定

　「体密度法」という方法では体重を体脂肪量（fat mass）と除脂肪量（LBM）の2つから構成されるものと考え、体脂肪の密度は0.90g/ml、除脂肪の密度は1.1g/ml として、体密度から体脂肪率を計算します。体密度を求めるには、「水中体重法」といって、水中に全身を沈めて水中にある体重計で体重を量り、大気中での体重との差から、体密度を計算する方法が従来からあります。アルキメデスの原理を応用し、物体が受ける浮力の大きさが物体の押しのけた流体の重さと同じ大きさであることを利用して測定します。この方法は、肺残気量つまり肺に残った空気を最小限にして測定する必要

があるため、水中で空気を吐ききった状態でしばらく静止しなくてはなりません。水泳選手ならば大丈夫ですが、普通の人にとっては、とても負担がかかる方法です。そこで近年では、「空気置換法」といって、密閉されたカプセルの中に入り、水中体重法とほぼ同じ原理に基づいて空気の圧力変化を測定し、体密度を求める方法が用いられています（図6－4）。大相撲力士が「空気置換法」で体脂肪を測定していることは有名です。ちなみに、大相撲力士の平均体脂肪率は32.5％程度でみかけよりも体脂肪率は低く、上位の力士ほど除脂肪量が多く、筋肉が発達しているようです[3]。

信頼できる体脂肪率の測定法として「二重X線吸収法（DXA法）」があります。これは2種類の異なる波長のX線を全身に照射し、その透過率の差から、身体組成を計測する方法です。本来は骨密度を測定する方法でしたが、体脂肪量や筋肉量の測定精度も高

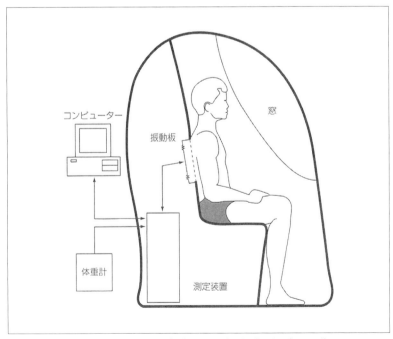

図6－4　空気置換法による体脂肪の測定原理[2]

く、水中体重法に代わるゴールドスタンダードともいわれています。ただし、測定装置が高価であることと、わずかではありますが放射線被曝をすることから、頻繁に測定することはできません。

③ 部分的な体脂肪測定

「皮下脂肪厚法」は、キャリパーや超音波装置を用いて皮下脂肪の厚さを計測し、体脂肪率を算出します（図6-5）。いろいろな計算式がありますが、簡単なものでは肩甲骨下部と上腕背部の2か所の皮下脂肪厚から体脂肪率を計算できます。

「生体インピーダンス法」は、生体内に微弱な電流を流し、電気抵抗（インピーダンス）から体脂肪率を算出する方法です。体脂肪組織は水分をほとんど含まないので電気抵抗が大きく、反対に、筋肉等の除脂肪組織は70％以上の水分を含み電気を通しやすいので電気抵抗が小さく、両者の電気抵抗の差を利用して体脂肪量を推測しています。生体インピーダンス法を用いた体組成計は、測定時に裸足で乗って右脚と左脚間の電気抵抗を測るものや、両手でハンドルを握って左右の腕や体幹の電気抵抗を測るものなど、いろいろなタイプがあります。最近では低周波数電流と高周波数電流を用いて、

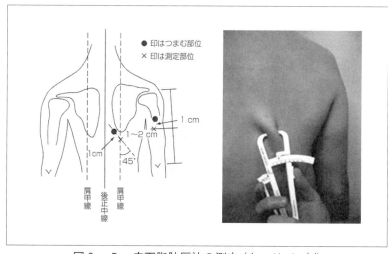

図6-5　皮下脂肪厚法の測定（キャリパー）[4]

細胞内外の水分量を推定し、筋肉の"質"までみることができるものも開発されています。

④ 生体インピーダンス法の測定の留意点

「生体インピーダンス法」の測定機器は自宅用の1万円以内で手に入るものも多く販売されており、体脂肪の測定法の中では、現在もっとも簡便で普及している方法といえます。ただし、測定時間や機器によって測定値のばらつきが大きいといった問題点もあります。そこで、測定時には以下の点に留意する必要があります。【a】起床直後や運動後は脱水により体脂肪率が高く出る。【b】入浴後や電極接触面がぬれていると体脂肪率が低く出る。【c】電気抵抗値から体脂肪率を推定する計算式が製造会社によって異なるので、機器による測定値のばらつきが大きい。【d】心臓ペースメーカーを使用している場合は、電流によって誤作動を起こす可能性がある。以上のことから、同一の機器で、なるべく同じ時間、同じ条件で測定することで、体組成の変化をより正確に把握できると考えられます。

(3) 肥満とやせの人口の変化

① 肥満者の割合

厚生労働省の国民健康・栄養調査[5]によると、日本における成人男性の肥満者（BMI 25以上）の割合は28.6%（平成25年度）で、平成15年頃から増加傾向にありましたが、平成23年以降は変化していません。成人女性の肥満者の割合は20.3%（平成25年度）で、この10年間で減少傾向にあります。成人女性で肥満者が少ないのは20歳代であり、若年層のやせ願望が影響していると考えられます。

② やせの者の割合

やせの者（BMI 18.5未満）の割合は、成人男性で4.7%、成人女性で12.3%ですが、20歳代女性は特に多く、21.5%となっています（いずれの値も平成25年度）[5]。20歳代の女性の5人に1人はやせということになります。一般的にやせの女性が多いのは、食糧事

第1節　身体組成とエネルギー消費量　137

情などの影響もあり、国民の所得（一人当たりＧＤＰ）が低い国で
みられる傾向にあります。所得の高い国の中で、日本のやせの女性
の多さは、異例ともいえます。

第2項　エネルギー消費量

⑴　エネルギー消費量の構成

①　1日に消費されるエネルギーの内訳

　1日のエネルギー消費量の内訳としては、基礎代謝、食事誘発性
熱産生、活動代謝に大別されます。基礎代謝と食事誘発性熱産生を
合わせて、安静時代謝といいます。では、それぞれの項目について、
どのようなものが含まれるのか詳しくみていきます。

②　基礎代謝

　基礎代謝（basal metabolism：ＢＭ）は目覚めている状態で安静
に横たわっている時に消費されるエネルギーです。基礎代謝は呼吸
や血液循環、体温保持、体内の臓器での代謝などで必要とされる最
小限のエネルギーで、1日のエネルギー消費量の60〜70％を占めま
す。年齢や性別、体重などによって基礎代謝は異なり、通常体重が
重いほど大きく、年齢を重ねるほど小さくなります。

③　食事誘発性熱産生

　食事誘発性熱産生（diet induced thermogenesis：ＤＩＴ）は、食
事をとった後、安静にしていても増加するエネルギー消費量で、食
物が体内で消化、吸収、運搬されるために必要なエネルギーです。
食物の種類によって異なりますが、平均的な食事を摂取した後の食
事誘発性熱産生は、摂取したエネルギーの10％程度です。食事誘発
性熱産生は、三大栄養素の中ではタンパク質摂取時に1番大きくな
り、摂取エネルギーの約30％、炭水化物（糖質）摂取時は約6％、
脂質摂取時は約4％となっています。

④　活動代謝

　活動代謝は、日常生活や運動などで身体活動を行った際に消費さ

れるエネルギーです。スポーツを行った際にはエネルギー消費量が増えますが、身体を動かすアルバイトや階段をのぼるといった日常生活における動作でも増えるので、とても変動的です。

(2) 中年太りの原因
① 加齢によるエネルギー消費量の減少

　40歳〜50歳代になると、「食事や運動量は若い頃と変わらないのに、最近体重が増えてきた」という話をよく聞きます。これは、基礎代謝が低下したことが原因と考えられます。基礎代謝量は厚生労働省の「日本人の食事摂取基準（2015年版）」に示されている基礎代謝基準値から計算することができます。例えば男性で20歳代の場合は24.0kcal/kg体重/日、40歳代では22.3kcal/kg体重/日で、体重が同じ70kgだとしても、基礎代謝は20歳代が1,680kcal/日、40歳代が1,561kcal/日で、40歳代の方が1日あたり119kcal少なくなります。これが1年続くと43,435kcal/年のエネルギーの過剰摂取、体脂肪1kgあたり約7,000kcalなので、1年で約6.2kgの増量になってしまいます。

② 中年太り解消の秘訣

　極端な食事制限だけで中年太りを解消しようとすると、食事誘発性熱産生が低下し、リバウンドなどの原因となり、逆効果です。基礎代謝の減少は、筋肉での代謝の衰えが主な原因であることがわかっています。それゆえ、活動代謝を増加させることが、直接的な消費エネルギーの増大と、筋肉での代謝を刺激することによる間接的な消費エネルギー増大にもつながり、一石二鳥といえます。

(3) 子どもの身体活動量の低下
① 子どもの体力低下

　近年、子どもの体力低下が社会問題として取り上げられています。文部科学省の報告によると、子どもの体力・運動能力は昭和60年ごろから現在まで、低下傾向が続いています。一方、身長・体重

などの体格は、親世代と比較して向上しており、それにも関わらず体力・運動能力の測定結果が悪化していることは、体力の低下が深刻な状況にあることを示しています。全ての子どもが運動不足であるわけではなく、スポーツ少年団や部活動などで運動をよくする子どもは体力・運動能力も高いので、子どもの体力レベルの二極化が指摘されています。子どもの体力低下は、肥満などの生活習慣病にもつながる可能性があるとして、危惧されています。

② 子どもの身体活動量

子どもの体力低下の一因として、現在の生活が便利になり、日常での身体活動量も低下していることが考えられます。文部科学省の「スポーツ振興に関する特別委員会」[6]によると、昭和54年の小学生の1日の平均総歩数は27,600歩でしたが、平成11年では17,000歩になっており、子どもたちの運動量は20年間で約1万歩減少したことになります（図6-6）。子どもの体力向上には、スポーツ活動だけでなく、日常生活における活動量を増やす工夫も必要だと考えられます。

図6-6　小学生の運動量（1日の総歩数）の変化[6]

第2節　減量と増量の科学

第1項　減量の科学

(1)　効果的な減量方法
① 体重を減らすこと＝体脂肪を減らすこと？

　減量というのは体重を減らすことですが、体脂肪を減らすことと同じではありません。もし、体重を減らす目的が、健康増進であったり、ぽっちゃりした見かけを改善することであったりするならば、減らす体重の中身が重要で、体脂肪を減らす必要があります。折角苦労して体重を減らしたとしても、筋肉や骨がやせ細ってしまっては、かくれ肥満になったり、リバウンドの原因になったりして、かえって不健康になります。減量をする場合は、体重だけをみるのではなく、体脂肪率も併わせてみていきましょう。

② 確実な減量の方法

　多くの人に聞かれるのが、「どうしたら効果的に減量できますか？」ということです。最も確実な方法は、エネルギー消費量とエネルギー摂取量のアンバランス状態をつくり、保持することです。エネルギー消費量は第1節で述べたとおりです。食事からのエネルギー摂取量が、エネルギー消費量を下回るようにする必要があります。ただし、人間の身体は適応性があり、エネルギー摂取量が少ないと「省エネ型」の身体になり、体温を低下させたり、身体活動量を低下させたりして、エネルギー消費量全体を小さくするようにはたらきます。ですから、エネルギー摂取量（食事）のみを減らす減量は、注意が必要です。

③ 「朝食抜きダイエット」は逆効果？

　一時流行った、「朝食抜きダイエット」というものがあります。朝食を食べないので、その分のエネルギー摂取量が減って、体重も減るのではないかと期待して試した方もいるのではないでしょうか。しかしながら、これは逆効果です。朝食を抜くと、その分、昼食や

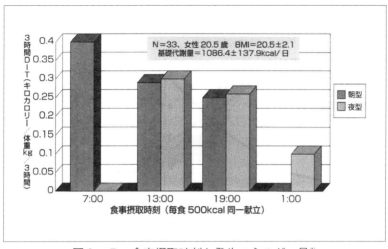

図6-7　食事摂取時刻と発生エネルギー量[7]

夕食、夜食などで食事量を増やすことになります。最近の研究で、同じ食事量でも摂取時刻によって食事誘発性熱産生が異なることが示され、朝食では夜食の4倍もエネルギー消費量が大きいことが明らかになりました（図6-7）。つまり、朝食を食べると心身が活性化し、エネルギー消費が増大しますが、夜食を食べるとエネルギーの大半が体脂肪に取り込まれてしまうということです。また、朝食を抜くと血糖が低下し、脳に送る血糖をつくる為に筋肉を取り崩して筋肉の減少が起きるので、基礎代謝が低下してますますエネルギー消費量が減少します。大相撲部屋の力士たちは、効率よく体重を増やすために、朝食を抜いて増量しています。「朝食抜きダイエット」は、実は増量に効果的な方法なのです。

(2) 太りやすさは遺伝か環境か
① 太りやすくやせにくい体質

1995年にピマインディアンという民族に関する興味深い報告がなされました[8]。ピマインディアンはもともとメキシコの山岳地帯に住んで農業と酪農を営んでいましたが、その一部がアメリカのアリ

ゾナ州に移り住みました。同じ民族なので遺伝的には相違がありません が、アメリカに移り住んだピマインディアンの5割が、肥満や糖尿病などの生活習慣病になっているというのです。ピマインディアンの遺伝子を調べた結果、β3-アドレナリン受容体という脂肪細胞の細胞膜にある受容体に遺伝子変異がある者が多く、この遺伝子変異がある者は脂肪分解の低下や安静時代謝の低下がみられ、通常より減量が困難であることが明らかになりました。日本人でも3人に1人はβ3-アドレナリン受容体の遺伝子変異があることがわかっており、この遺伝子変異の割合はピマインディアンに次いで、高頻度であることが報告されています[9]。

② エネルギー倹約遺伝子

太りやすさややせやすさに関わる、β3-アドレナリン受容体は、脂肪細胞の細胞膜にあり、脂肪分解や熱産生に関与しています。興奮したり、辛い物を食べたりした時などに、脳の視床下部というところから指令が出て交感神経が刺激され、ノルアドレナリンという神経伝達物質が分泌されます。これを脂肪細胞の細胞膜にあるβ3-アドレナリン受容体が受け取って、脂肪分解や熱産生を促進するのですが、β3-アドレナリン受容体の遺伝子には標準型と倹約型があり、倹約型遺伝子（エネルギー倹約遺伝子）をもつ人は、脂肪分解や熱産生が抑制されると言われており、標準型遺伝子をもつ人と比べて安静時代謝が1日当たり200kcal低いという報告があります[9]。

③ 褐色脂肪細胞と白色脂肪細胞

ところで、脂肪細胞には色によって褐色脂肪細胞と白色脂肪細胞の2種類があります（最近、中間のベージュ脂肪細胞というのも報告されています）。通常、私たちが脂肪と呼んでいるのは白色脂肪細胞のことで、エネルギー源として脂肪を体全体にため込んでいます。一方、褐色脂肪細胞は熱産生を行い、体温を調節する機能があります。褐色脂肪細胞は白色脂肪細胞に比べて量が少なく、頸部や肩甲骨間、腋窩部など、限られた部位に存在しています。褐色脂肪細胞はヒトを含め、ほとんどの哺乳動物の新生仔期に多くみられ、

高体温の維持や冬眠動物の目覚めにも関わるといわれていますが、成長にするに従って減少していきます。ラットやマウスなどの小型げっ歯類や冬眠動物でのみ、成獣でも確認されています。近年、成人でも褐色脂肪細胞の存在が確認されていますが、検出される人とされない人がおり、寒冷刺激によって増えたり、居住する地域や人種によって検出量が大きく異なったりすることがわかってきています。褐色脂肪細胞が検出される人は、食事誘発性熱産生が大きくなることも報告されており[10]、同じ食事量ならば、検出されない人よりも太りにくいといえます。

(3) 食事による減量と運動による減量

① 食事による減量

体重を減らそうと思ったら、まずは食事量を減らしたり、食事を抜いたりする人は多いと思います。しかし、食事制限による減量は短期間しか持続できなかったり、減った体重がすぐにもどってしまったりして、失敗に終わることが多いのが現状です。実際に3カ月間、食事制限で減量した場合と、運動で減量した場合を比較してみると、体重の減少は同じ程度でしたが、食事制限の場合は体脂肪も筋肉も両方減少しており、運動の場合は体脂肪が減少して筋肉は増量していました。筋肉が減ると、基礎代謝が低下してエネルギー消費量が減少します。ですから、さらに食事量を減らさないと体重が減少しなくなります。また、食事量が少ないと食事誘発性熱産生も少なく、体温も低下して、ますますエネルギー消費量は低下するという負の循環になり、体重が戻るかさらに増加する、いわゆるリバウンドが起こります。このような現象をウエイト・サイクリングといい、これを繰り返すと、内臓脂肪の蓄積が増加するという報告もあります[11]。

② 運動による減量

運動による減量は、筋肉量を維持または増加させながら体重を減らすので、リバンドはしにくいといわれています。ですが、体重60

kg の人が１時間ウォーキングをしても、エネルギー消費量は250
kcal 程度で、おにぎり1.5個分にしかなりません。運動だけで減量
するには、ある程度の運動を継続しておこなう必要があり、強い意
志やモチベーションがなくては続けるのは困難です。食事量を減ら
さず、食事の摂取エネルギーを少し制限しながら、運動を併用して
行う減量が、身体への負担も少なく、成功しやすい減量だと考えら
れます。

第２項　増量の科学

⑴　増量の中身は何か？
①　なかなか太れない男性
　世の中には、体重を増やして頼りがいがあるようにみせたい、ま
たは貫禄をつけたいけど、何を食べても太れないという男性がいま
す。そういう人は、体重さえ増えれば、中身は脂肪でも筋肉でもな
んでもよいといいますが、本当にそうでしょうか。体脂肪がたっぷ
りついてしまうとあまり強そうに見えませんし、筋肉も脂肪に隠れ
てしまい、頼りがいがなさそうにみえます。また、貫禄がついても、
内臓脂肪もついてしまうと、糖尿病や高脂血症などの生活習慣病に
なるリスクが高まります。増量するのも中身が大切で、体脂肪はな
るべく増やさず、筋肉などの除脂肪体重を増やすようにするとよい
です。

②　除脂肪体重を増やす
　除脂肪体重の中で最も変化しやすい筋肉を増やすには、やはり筋
力トレーニングをするのがよいです。筋肉を増やす運動は、強い運
動強度で少ない回数行うものがよいとされており、最大10回程度し
かくり返せない程度の強さで、10回行います。より大きな筋肉を刺
激する方が増量効果が大きいので、腹筋や背筋などの体幹の筋肉
や、大腿部の筋肉を使うような運動がよいです。食事は、プロテイ
ンばかりをとる人がいますが、炭水化物が不足していると筋肉を取

り崩してしまいますし、プロテインでは過剰になったり不足したりするアミノ酸も出てきます。食事から炭水化物やタンパク質源をバランスよくとることが、増量への近道です。

(2) 効率のよい増量

① 大相撲力士の増量

　相撲部屋では、朝食を食べずに朝稽古をして、空腹状態で昼食を大量にとり、すぐに昼寝をします。これは、極度の空腹状態から食事をとることで血糖値が急上昇し、食べたものが効率よく体に蓄えられることを狙ったものです。また食後すぐに昼寝をすることで、成長ホルモンが分泌されて、体を大きくすることができます。この伝統的な相撲部屋の生活習慣は、効率よく増量できる方法の1つです。ただし、相撲力士は朝稽古で毎日厳しいトレーニングをしているので筋肉が増えますが、1日2食で昼寝をするだけでは、体脂肪が効率よく増えますので、注意してください。

② 増量のためのベストタイミング

　筋力トレーニングをして、食事もしっかりととっているのに、なかなか筋肉が増えないという人がいます。その時は、トレーニングと食事のタイミングを考えるとよいです。1日の中で成長ホルモンがより多く分泌されるのは、運動の後や、睡眠時（特に入眠後30分）なので、トレーニング直後や、夕食時にタンパク質や炭水化物を十分に摂ることで、筋肉の増加がより促進されます。

第3節　運動する子どもの食事

第1項　運動と食事の関係

(1)　体力と学力と食事の関係
①　運動する子は頭がよい？

　よく、うちの子は運動ばかりしていて勉強ができないから、運動クラブや部活動をやめさせた方がいいのではと考える保護者がいます。しかし、2001年にカリフォルニア州の中学3年生28万人に行った大規模調査の結果、体力テストの点数が高い生徒程、読解力や数学のテストの得点が高いことが明らかになりました[12]。また日本においても、文部科学省の行った学力テストと、体力テストの得点を都道府県別にみてみると、正の相関が認められました。つまり、体力がある子ほど、学力も高いということになります。これは、運動することによって脳への血流量も増加し、学力も高まるのではないかと考えられています。学力を上げたいのなら、運動クラブや部活動に入った方がいいかもしれません。

②　朝食を食べると成績がよくなる？

　近年、朝食を欠食することのさまざまな悪影響が明らかになっています。特に子どもについては、文部科学省の調査で、朝食を「毎日食べている」子どもに比べ、「どちらかといえば食べている」、「あまり食べていない」、「全く食べていない」といったふうに朝食欠食率が上がるにつれて、学力調査の平均正答率が低くなることが明らかになりました（**図6－8**）[13]。さらに、朝食を食べていても、内容がパンとジュースだけでおかずなし、といった場合、脳の機能が十分に発達していないという調査結果もでています[14]。また、朝食欠食率が上がると、体力合計点も低くなるという報告があります[15]。朝食をしっかり食べることが、脳への血流や栄養分の確保に役立ち、学力や体力の成績を上げるうえで効果的といえます。

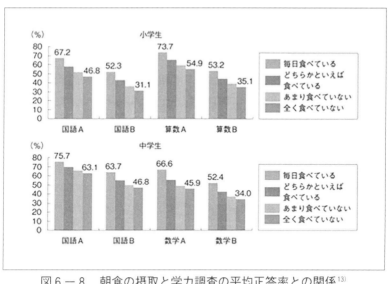

図6-8 朝食の摂取と学力調査の平均正答率との関係[13]

(2) スポーツをする子の食事
① スポーツ選手の食事は特別？

　スポーツ選手は、食事も特別メニューが必要ではないか？と考える人が多くいます。確かに、よい運動パフォーマンスをするために、極限まで体脂肪率を減らしたり、疲労をとったり、集中力を高めたりといった努力は必要ですが、特別メニューは必要ありません。スポーツ選手の食事は普段のメニューの中で、運動量に応じたエネルギー摂取量を確保したり、ミネラルやビタミンをバランスよくとったりといった当たり前のことを、確実に行うことが大切です。

② 運動のトレーニング効果を最大限に引き出す方法

　さまざまなスポーツで、うまくなるにはまず、運動トレーニングをたくさんすることが重要です。ですが、運動トレーニングだけでは、その効果を十分に発揮できません。運動トレーニングで消耗したエネルギーや筋肉の材料を食事からしっかりとって、睡眠による休息で、疲労回復と筋肉や骨の成長を促す必要があります。たとえば筋力トレーニングを行い、疲労がピークの時に再びトレーニング

を行うとトレーニング効果は半減しますが、しっかり回復してからトレーニングを行うと、いつも以上の効果が得られます。またトレーニング後に十分な食事がとれないと、筋肉は合成されず、逆に筋肉を取り崩してエネルギー源として利用するので、筋肉量は減少することになります。

第2項　目的別の食事

(1) 体づくりの食事
① 運動時間とタンパク質分解量

運動をたくさん行えば、筋肉が刺激を受け、タンパク質が多く分解されます。タンパク質の分解量は血中尿素濃度の増加でみることができ、運動時間が長くなればなるほど、血中尿素濃度も高くなります（図6-9）[16]。運動する子どもは、運動しない子どもよりも多くのタンパク質を必要とします。また、成長期で身長や体重も大きくなるので、成長する分のタンパク質も食事から確保しなくてはい

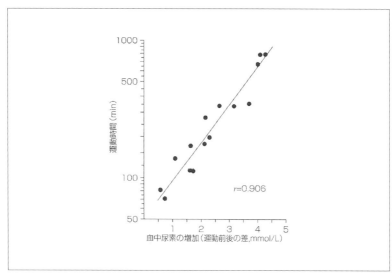

図6-9　ヒトの血中尿素レベルと走運動時間の相関[16]

けません。

② アミノ酸のバランス

ヒトの体を構成しているタンパク質の材料は20種類の主要なアミノ酸で、このうち9種類は必須アミノ酸といい、体内で合成できないために食事から摂取する必要があります。必須アミノ酸は一つでも不足していると、タンパク質が合成されません。食品中の必須アミノ酸バランスをみる指標として、アミノ酸スコア（100が満点）があります。肉や魚、卵や牛乳などの動物性の食品はほとんどアミノ酸スコアが100ですが、豆乳は86、ご飯は65、食パンは44、トウモロコシは31という具合に、植物性の食品だけでは必須アミノ酸が取り切れないものもあります。体づくりのために、植物性の食品だけでなく、動物性の食品もバランスよく摂取するように心がけましょう。

③ タンパク質と炭水化物の相乗効果

子どもが筋肉をつけたいために、お肉（タンパク質）だけを食べてご飯（炭水化物）を食べないとしたら、どうでしょうか。タンパク質が体に取り込まれる量には制限があり、通常は体重1kg当たり1g、成長期の子どもやスポーツをしていてタンパク質合成が高まっている人でも、1.5〜2.0g/体重1kg程度が限界です。タンパク質のみを多く食べるよりも、ご飯を一緒に食べることで、血糖値が高まり、インスリンというホルモンの分泌によって筋肉でのタンパク質合成が促進されます。また後で述べる、筋肉のスタミナ源「グリコーゲン」の材料にもなるので、タンパク質と炭水化物を同時にとることは、体づくりにとっては相乗効果が得られてとてもよいです。

④ 体づくりと食事摂取のタイミング

スポーツなどの運動をした後、帰宅まで時間がかかり、食事時間が遅くなっていることはないでしょうか。ラットの実験で運動後の食事のタイミングを変えて10週間飼育した結果、運動の直後に食事を摂取した場合は筋肉の重量が増え、運動の4時間後に摂取した場

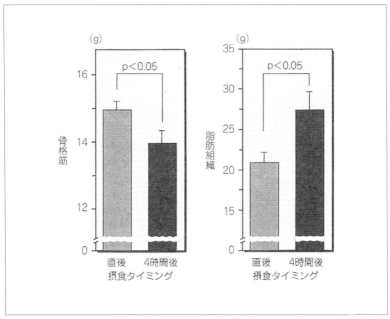

図6−10　ラットの骨格筋と脂肪組織重量に対する運動後の摂食タイミングの影響：運動直後と運動後4時間の時点における摂食の比較[17]

合は脂肪の重量が増えました（図6−10）[17]。同じ食事でも、運動後すぐに摂取すると筋肉が効率よく合成されます。

(2) 持久力アップの食事
① 持久力の種類

　持久力（いわゆるスタミナ）は、疲労に抵抗する能力のことをいいます。持久力の種類としては、筋持久力と全身持久力があります。筋持久力は無酸素的なスタミナで、酸素を使わずにエネルギーを供給し、強い運動強度を維持する運動能力をいいます。一方全身持久力は有酸素的なスタミナで、比較的低強度で酸素を利用しながらエネルギーを供給し、長時間の運動を行う能力です。

② 持久力の強さを決める栄養源

　主に持久力の強さを決めるのは、筋肉に蓄えられたグリコーゲン

の量です。グリコーゲンは糖質（グルコース）が体内に貯蔵された状態のもので、「動物デンプン」とも呼ばれます。グリコーゲンは主に肝臓と筋肉に蓄えられており、体重が70kgで通常の食事をしている人は、肝臓に40〜50g、筋肉に350gで、合わせて約400g貯蔵されています。糖質1gは約4kcalなので、およそ1,600kcalがグリコーゲンとして蓄えられていることになります。高糖質（高炭水化物）食を摂取すると肝臓と筋肉のグリコーゲン貯蔵量は680gにまで増加し、逆に低糖質食を摂取すると、310gにまで低下します。マラソン選手などが試合前にうどんやパスタ、おもちなどをたくさん食べる「グリコーゲンローディング」をして肝臓や筋肉のグリコーゲン貯蔵を増やして試合に臨むことは、よく知られています。

⑶　疲労回復の食事

①　筋収縮の種類と筋肉痛の起こりやすさ

腕で力こぶをつくるように、筋肉の長さを短くしながら力発揮をする種類の運動を「短縮性筋収縮（コンセントリック）」といいます。逆に腕を伸ばし、筋肉の長さを伸ばしながら力発揮をする運動を「伸張性筋収縮（エキセントリック）」、また筋肉の長さを変えない力発揮をする運動を「等尺性筋収縮（アイソメトリック）」といいます。この3つの中では、同程度の力発揮をしても「伸張性筋収縮」が最も筋肉への負担が大きく、タンパク質分解が起こりやすいです。山登りで、上る時よりも下る時の方が筋肉痛になりやすいのは、下る時に大腿前部の筋肉が引き伸ばされつつ加重するからです。

②　筋肉痛を予防する

筋肉痛は、高強度の運動などで筋肉の細胞が損傷し、それを修復する過程で起こるのではないかと考えられています。ヒトの体のタンパク質を合成する必須アミノ酸のうち、ロイシン、イソロイシン、バリンの3つは分岐鎖アミノ酸（branched-chain amino acids：ＢＣＡＡ）といい、筋肉の中で分解されます。分岐鎖アミノ酸の摂取

により、筋肉のタンパク質分解が抑制されることがわかっています。運動前に分岐鎖アミノ酸を摂取してから、スクワット運動で筋肉痛を発生させた実験で、運動後2〜4日目の筋肉痛の程度が対照群と比べて明らかに減少しました[11]。筋肉痛になりそうな運動をするときや、試合が近くて疲労を残したくない時には、運動前に分岐鎖アミノ酸を摂取することで予防できるかもしれません。

③ 運動後グリコーゲンの回復

運動により筋肉に蓄えられたグリコーゲンを使い果たしてしまうので、運動後に素早く筋肉のグリコーゲン蓄積量を回復させることが、トレーニング効果を高める上で重要です。グリコーゲンの材料となる糖質（グルコース）だけを摂取するよりも、糖質にクエン酸を追加して摂取した方が、グリコーゲンの合成が高まることが報告されています。クエン酸はレモンや梅干しなどに多く含まれているので、「レモンのはちみつ漬け」や「干し梅」などは疲労回復に最適な補食といえます。

引用・参考文献

1）汐見稔幸　監修、保育士試験対策委員会　著「福祉教科書保育士完全合格テキスト上」、翔泳社、2015
2）Dempster P, Airkens S. Med Sci Sports Exerc. 27：1692–1697, 1995
3）小堀友美子、佐藤麗奈、鷹居美紗ほか. 大妻女子大学家政系研究紀要、49：77-85、2013
4）厚生保健医療局健康増進栄養課　監修「平成8年版国民健康栄養の現状」、第一出版、1996
5）厚生労働省「平成25年国民健康・栄養調査」、2013
6）文部科学省スポーツ復興に関する特別委員会　配布資料1「子どもの体力の現状について；小学生の運動量（1日の歩行数)」、2007
7）関野由香、柏絵理子、中村丁次. 日本栄養・食糧学会誌63：101-106、2010
8）Walston J, Silver K, Bogardus C et al. N Engl J Med 333：343–347, 1995
9）吉田俊秀. 日経サイエンス11：26-32、2002
10）斉藤昌之、大野秀樹　編著「ここまでわかった燃える褐色脂肪の不思議」、ナップ、2013

第3節　運動する子どもの食事　153

11）下村吉治　著「スポーツと健康の栄養学　第3版」、ナップ、2010
12）カリフォルニア州教育局「体力と学力の相関関係」、2001
13）文部科学省「平成20年度全国学力・学習状況調査」、2009
14）学校給食研究改善協会、すこやか情報便8：1-7、2011
15）文部科学省「平成20年度全国体力・運動能力・運動習慣等調査」、2009
16）Poortmans JR. Principles of Exercise Biochemistry, 164–193, 1988
17）Suzuki M, Doi T, Lee SJ et al. J Nutri Sci Vitaminol, 45： 401–409, 1999

Ⅶ　運動で身体はどう変わるの？

Ⅶ 運動で身体はどう変わるの？

第1節 身体運動と発育・発達

第1項 「健康」と「体力」について

⑴ 健康とは

　健康の重要性を自分はよくわかっている、と多くの人が思っていることでしょう。ですが、そもそも「健康である」とは、どういう状態のことでしょうか。単に病気ではないことだけを指すのでしょうか？　世界保健機関（WHO）では、健康とは「ただ単に疾病や異常がないばかりでなく、身体的、精神的、社会的に良好な状態であること」と定義しています。しかし、WHOの定義に従うと「健康である」人はかなり限られてしまいます。近視でメガネをかけている人や虫歯がある人は健康とはいえない、という解釈もできます。

　そこで、病気かどうか、身体に不具合があるかどうかを健康の条件としない定義も提唱されるようになりました。「環境に適応し、かつその人の能力が十分に発揮することができる状態」（池上、1990）というものです。「環境に適応する」ということは、私たちの身体が、自然環境や社会環境といった、私たちを取り巻く外部の環境と上手にバランスをとっていることを意味します。この定義に照らし合わせると、私たちは病気であっても、障がいがあっても、自身を取り巻く環境の中で充実した生活を送っているのであれば、健康であると考えられます。もちろん、WHOの定義は理想的な最高水準の健康と言えるでしょう。健康を保つための三要素は、適度な「運動」、バランスの取れた「栄養・食生活」、心身の疲労回復と充実した人生を目指す「休養」とされています（厚生労働省、2007）。大切なことは、このような健康に関わる事柄について興味関心を持ち、健康的な生活を送るための努力をする姿勢ではないでしょうか。

(2) 体力とは

　体力がある、とはどういう状態のことでしょうか。体力とは、「ストレスに耐えて生を維持していくからだの防衛力と、積極的に身体を動かしていくからだの行動力」（猪飼と須藤、1968一部改変）とされています。図7−1は、体力の構造を示しています。体力は「防衛体力」と「行動体力」に大別されます。防衛体力は、外界からの様々なストレスに対して対応していく身体的・精神的能力であり、健康を支える能力として重要な役割を果たしています。暑さ寒さに負けない身体、風邪をひきにくい身体、失敗にくじけない心を持つ人は防衛体力が高いと言えるでしょう。一方、行動体力は、様々な身体的活動を行うための基礎となる身体的・精神的能力であり、この体力を高めることにより、強いプレッシャーがかかる場面において「より強く、より速く、より巧みに」スポーツを行うことが可能となります。オリンピック選手など一流のスポーツ選手は、行動体力が極めて高い人たちです。

　ところで、過度のストレスを受けたり、ストレスに曝され続けた

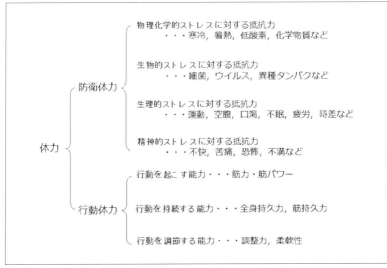

図7−1　体力の構成（池上、1990より村岡作図）

りすると、私たちの身体は自分を守るために、自律神経系が過剰に働くようになり、様々な症状が表れることがあります。「よく眠れない」、「疲れがとれない」、「頭が重い」など、「何となく体調が良くない」状態です。そのような場合は、ストレスの原因となるものをつきとめて、取り除く必要があります。

(3) 運動とホメオスタシス

　意外に思うかもしれませんが、身体にとっては運動もストレスの一種です。運動を開始すると筋肉の活動によって体温が上昇し、心拍数が上がり、息もはずみます。運動を続けると、上昇した体温を下げるために汗もかくでしょう。運動に関わる多くのホルモンも分泌されます。運動の種類によって異なりますが、このように身体は様々な応答をします。それは、身体の内部の環境を常に最適な一定条件に保とうとする、ホメオスタシス（恒常性）の働きによるものです。繰り返し運動を行うと、最初のうちは辛かった運動がしばらくするとそれほど辛いとは感じなくなります。身体には運動への適応性が備わっているからです。私たちは運動というストレスでホメオスタシスを乱すことによって、運動というストレスへの適応を身につけていくのです。そのようにして身についた適応こそが体力であり、健康の土台となり得るものなのです。

(4) 健康・体力はどうやって測るのでしょう？

　健康に生活するためには、自身の健康や体力の現状を知ることが大切です。学校では、学校保健安全法に基づいて健康診断が行われ、健康診断により子どもたちの発育・発達状態・健康状態が把握され、疾患などの早期発見につながる場合もあります。また、健康診断には子どもたち自身が自己の発育・発達状態や健康状態を把握し、自己管理能力を育成していくという教育的な意義もあります（大澤ら、2010）。このように、学校においては健康診断により疾病の有無を診断するだけでなく、その結果を自分の生活に活かしてい

くような取り組みが求められます。

　体力のうち行動体力は、体力・運動能力調査によって測定されます。わが国では、1964年度から文部省の体力・運動能力テストを実施しており、現在では1999年に刷新された文部科学省の新体力テスト（文部科学省、1999）が行われています。新体力テストでは、**表7－1**に示したように、年齢によって対象を４つに区分し、その対象に応じて実施種目やテストの得点と総合評価を設定しています。例えば小学校では６歳〜11歳の区分のものを実施し、筋力や全身持久力といった基礎的体力要素に加え、走・跳・投の基礎的運動能力も測定します。

⑸　現代の子どもたちに求められる体力とは

　発育・発達途上にある子どもたちには、①健康に生活していくための体力、②身体を動かすための体力、が求められます。①のために重要なことは、規則正しい生活リズムを身につけることです。「早寝早起き朝ごはん」（「早寝早起き朝ごはん」全国協議会、2006）

年齢区分（歳） テスト項目	6〜11	12〜19	20〜64	65〜79
握力	○	○	○	○
上体起こし	○	○	○	○
長座体前屈	○	○	○	○
反復横とび	○	○	○	
20mシャトルラン	○	△	△	
持久走		△		
急歩			△	
50m走	○	○		
立ち幅とび	○	○	○	
ソフトボール投げ	○			
ハンドボール投げ		○		
開眼片足立ち				○
10m障害物歩行				○
6分間歩行				○

表7－1　新体力テスト実施項目

（△はいずれか一方を選択する）

というキャッチフレーズを聞いたことはありませんか？早寝によって十分な睡眠時間が得られると、心身の休養になるだけでなく、睡眠中に分泌される成長ホルモンによって、丈夫な身体が作られます。また、睡眠は記憶にも重要な役割を果たしています。早寝をすれば早起きができ、朝ごはんも食べる余裕ができます。朝ごはんを食べることによりエネルギーを補給し、その日の活動のための準備が整います。このように、規則正しい生活リズムを身につけることは、健康な生活を送るための土台作りとなるのです。②は、運動やスポーツを行うことによって身につけることができます。日常生活において身体をよく動かすと、その刺激によって身体のより良い発育や機能の発達へとつながります。また、身体を動かすことによって気力や意欲といった精神的な面が充実していくため、社会性や学力などにも影響します。

　科学技術の進歩により機械化が進んだ現代においては、私たちが身体を動かす機会はますます減っています。前述の健康の三要素「運動」「栄養・食生活」「休養」のうち、「栄養・食生活」に関して、私たちはお腹が空けば食事をしますし、「休養」に関しては、眠くなれば眠ってしまいます。しかし「運動」はしなければそれで済んでしまいます。意識して身体を動かしていかないと、身体を動かさなくても済んでしまうのが現代社会なのです。そのような社会の中で、子どもたちが生活リズムを身につけ、十分に身体を動かしていくことで、体力を高めることにはどのような意義があるのでしょうか？　体力を向上させることで子どもたちの可能性の幅を拡げることができます。それだけではなく、行動体力を高めていく過程で、自身の健康や体力を高めていくための手だてを知ることができます。今日の運動は将来の身体を作ります。近い将来も遠い将来も健康的で活動的な生活を送ることができ、何かあった場合に自分の身を守ることができる体力を身につけること、そしてその方法を知ること、それが子どもたちに求められる力であると言えるでしょう。

第2項　身体の発育・発達

(1)　身体はどのように発育・発達していくのでしょう？

　子どもは年齢とともに身長が伸び体重が増え、様々な巧みな動作や力強い動作ができるようになります。身長や体重のような形態の増大のことを「発育」、筋力や持久力など機能的の向上を「発達」と呼びます。

　発育を理解する上で参考となる資料として「スキャモンの発育曲線」があります（図7-2）。0～20歳までの身体各部の相対的な発育を示した図です。「一般型」は、身長や体重の発育を表しており、幼児期と思春期の2つの時期に急激な発育が見られます。特に、思春期に見られる身長の年間発育量の最大値をPHV（Peak Height Velocity）と呼び、発育の段階を知る上で重要な指標となっています。「リンパ型」は、免疫機能として働くリンパ腺や扁桃腺などの発育を表しており、児童期に成人の2倍近くになり、以後低下していきます。「神経型」は、脳や神経系の発育を表しています。特に脳重量は6歳で成人の約90％となり、児童期までにほぼ成人レベルに達します。「生殖型」は、睾丸や卵巣などの生殖器の発育を表しており、思春期に急激な発育を示します。このように発育は一定ではなく、緩やかな時期や急速な時期があります。このことは、運動やスポーツ活動において、子どもたちへどのように働きか

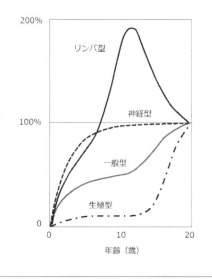

図7-2　スキャモンの発育曲線
（Scammon 1930より村岡作図）

ければよいかを考える際に重要となります。例えば、幼児期から小学校中学年期は、神経型の急激な発育が見られるため、様々な動きを経験し、獲得していくタイミングであると考えられます。また、一般型における思春期の身長のスパートの時期は、スポーツ活動を行う際に注意が必要な時期でもあります。なぜならば、特定の関節や筋肉に繰り返し大きな力が加わると、いわゆるスポーツ障害を引き起こす可能性があるからです。野球において中学生投手に投球制限のガイドラインが示されているのは、そのような投球傷害を防ぐためです。

(2) いつ、どのような運動を行うのが望ましいのでしょうか？

発育・発達の特徴を踏まえると、身長の年間発育量を一つの尺度として、運動やスポーツ活動のあり方のヒントを得ることができます。図7－3は、身長の急伸期を目安に、①動きづくり（スキル）、②スタミナづくり、③パワーづくりについて、いつ頃に重点を置いたら良いか、を示しています。①は行動体力の「行動を調節する能力」であり、図7－2のスキャモンの発育曲線における神経型の発育が関わっています。身長の年間発育量が一定の第1区分は、幼児期～小学校中学年に相当し、この時期は、様々な運動やスポーツを

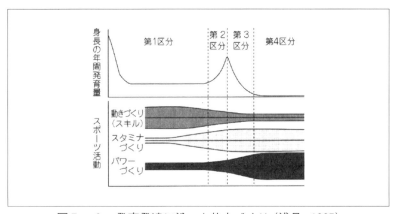

図7－3　発育発達に沿った体力づくり（浅見、1985）

遊びの中で楽しみながら経験し、動きづくりによって多様な動きを習得する時期です。②は行動体力の「行動を持続する能力」であり、身長の伸びが著しくなる第2区分から、スタミナづくりをスタートします。身長が伸びて体格が大きくなるということは、スタミナを支える呼吸循環系に関わる心肺機能も発達していく時期になります。③は行動体力の「行動を起こす能力」であり、身長の伸びが止まった第4区分が、本格的にパワーづくりを行う時期になります。この時期には、骨の成長や筋肉の長さの成長も止まるので、強い重さでのトレーニングも可能になります。これら体力づくりに関する指標は、積極的にスポーツ活動に関わろうとする子どもはもちろんですが、学校の体育や遊びの中でのスポーツを楽しむ子どもたちにも、参考になるはずです。

(3) 平均値と個人差

ここまで述べてきた発育・発達に関する内容は、あくまでも典型例であり、子どもの発育・発達には大きな個人差が見られることを理解しておく必要があります。図7-4は、身長の年間発育量の個

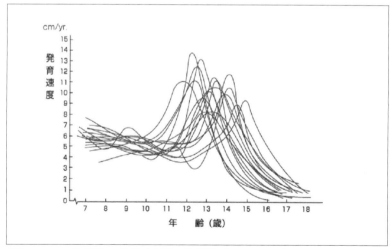

図7-4　発育速度曲線（身長の年間発育量）の例（猪飼と高石、1967）

人値を示したものです。個人によって身長の年間発育量の最大値（PHV）も、その発現年齢も大きなばらつきがあります。30人の子どもがいれば30通りの発育・発達の仕方があるわけです。さらに、思春期を迎えると性差も顕著になります。私たちは、平均値によって述べられた発育・発達段階の特徴を学ぶことを通して、子どもの発育・発達を理解していきますが、実際の指導では、平均値を念頭におきつつ、個人差を十分考慮することが大切です。

第2節　身体を鍛える

第1項　トレーニングの原理・原則

⑴　身体の鍛え方（体力の高め方）を知る意味

　発育発達が著しい幼児期、児童期には体つくりが大切です。といっても、大人が行うようなトレーニングではなく、日常生活の中での遊びや体育の授業を含めた学校の体育活動時間で自発的、能動的な身体運動が行われることによって培われることが望ましいと言えます。しかし、ただ運動をすればよいというものではなく、適切な運動を行うことによって、より効果的にはじめて身体の働きを高めることができるのです。体育の授業では、子どもの能力に合わせた運動指導を行う必要があります。そして、子どもたちの運動技能や体力の向上のためには、適切な指導を行うための知識が必要です。また、体育の授業だけでなく、子どもたちにとっては遊びであっても、そこにどのような体つくりの要素が入っているのか、どのような効果が期待できるのか、を指導者は理解しておく必要があります。そこで、本項では一般的なトレーニングの原理・原則について解説します。

⑵　トレーニングの原理・原則とは

　体つくりの目的を持って運動を行う場合、意図した効果を得るためにはトレーニングの原理・原則に従う必要があります。

＜トレーニングの原理＞

　トレーニングの原理とは、誰にでも共通して現れるトレーニング効果に関する根本的な法則のことです。

　①過負荷の原理…どのような運動においても、日常生活で発揮されている以上の負担（過負荷）が身体にかからなければ運動の効果は得られない、というものです。

②**可逆性の原理**…運動によって身体に現れた効果は、その運動を止めると無くなってしまう、というものです。効果を維持するためには、運動を継続して行う必要があります。

③**特異性の原理**…運動によって身体に現れる効果は、運動の種類や特性によって異なる、というものです。筋力を高めたいならば筋力トレーニングを、全身持久力を高めたいならばランニングなどの持久力トレーニングを行わなければなりません。

＜トレーニングの原則＞

トレーニングの原則とは、トレーニング効果に関する実施上の決まりごとです。

①**全面性の原則**…運動を行う際に、身体全体の調和、心身の調和を保って行うこと。

②**意識性の原則**…自分が行う運動の目的や方法をよく理解して行うこと。高い意識を持って運動を行うことで、より運動の効果が期待できます。

③**漸進性の原則**…運動の強さは弱いものから強いものへ、運動の内容は簡単なものから難しいものへと、徐々に変えていくこと。

④**反復性の原則**…運動は、繰り返し継続して行うこと。それによって運動の効果が得られます。

⑤**個別性の原則**…体力・運動能力や運動の効果の現れ方は、一人ひとり異なるため、運動の強さや内容は、個人の能力に応じて決定すること。

第2項　体つくりの方法

⑴　行動を起こす能力（筋力）を高める

筋肉が力を発揮することは、すべての運動の基本になります。小学校の体育では、「力試しの動き」、「力強い動き」として学習指導

要領に示されており、指導者向けの資料やテキストには様々な運動例が挙げられています。小学生で高めたい筋力は、トレーニングマシンやダンベル・バーベルなどを使った大人が行うような本格的な筋力トレーニングによってではなく、自分の体重（自重）や一緒に運動する仲間の体重を利用した動きによって十分身につけることができます。例えば、「手押し車」や「おしくらまんじゅう」といった昔ながらの遊びには力強い動きの要素がたくさんあります。また、大きな力を発揮することは筋肉を強くするだけでなく、骨を丈夫にする効果もあります。特に女子はジャンプ運動のように台にジャンプしたり跳び下りたりする運動を初経前にたくさん行うことが、骨を強くすることに効果的であると言われています（日本臨床スポーツ医学会学術委員会整形外科部会、2016）。子どもの頃の運動によって骨に刺激を加え、骨強度を高めておくことで、高齢期の骨粗鬆症を予防することができるのです。

(2) 行動を持続する能力（全身持久力）を高める

　呼吸循環系の機能が関わる全身持久力は、「動きを持続する能力」として体育授業でとり上げられているだけでなく、成人になってからも生活習慣病予防のために大変重要な体力です。全身持久力を高めるための運動としては、ウォーキング、ジョギングなどを思い浮かべるかもしれませんが、子どもたちが楽しく「動きを持続する」ためには、鬼あそびやボールを使った遊びなど、全身を使って夢中になって思い切り動き続ける運動が望ましいといえます。さらに最も基本となるのは、日常生活の中でたくさん身体を動かすことです。日本体育協会（2010）は、子どもの身体活動ガイドラインとして「からだを使ったあそび、生活活動、体育・スポーツを含めて、毎日、最低60分以上からだを動かしましょう」としています。そのためには、学校や家庭においても大人たちが率先して身体を動かし、子どもたちが身体を動かしたくなるようなしかけを作っていくことが重要です。

(3) 行動を調節する能力（調整力、柔軟性）を高める

　ひとことで調整力といってもその中には、巧緻性（運動の巧みさ）、敏捷性（素早く動く）、平衡性（バランス感覚）など、運動に関わるあらゆる制御系があります。また、ほとんどの運動・スポーツに関わる能力であるため、調整力を高めることは、正確に、リズミカルに、ある時は素早く、またある時はしなやかに運動をコントロールして行えるということを意味しています。「多様な動きをつくる運動・運動遊び」、「巧みな動き」、「体のやわらかさ」として、体育の授業で扱われています。例えば、鬼あそびは全身持久力の項目でとり上げましたが、追ったり追われたり、急に止まったり方向変換したり、と調整力向上のためにもとても良いあそびです。また、ボール運動や器械運動など、器械器具を使う運動は、器具を操作したり、自分の身体を巧みにコントロールしたりするため、調整力が非常に重要です。神経系機能が優位に発達する幼児期から小学校中学年にかけては、できるだけ多様な運動を経験し、幅広い動きを獲得していきたい時期です。ここでも大切なことは、力強さや持続する力を含めた様々な運動を、子どもたち一人ひとりの体力や能力に合ったプログラムで経験させていくことです。

第3節　運動・スポーツの始めと終わり

第1項　ウォーミングアップ

(1)　まずはウォーミングアップから

　みなさんはスポーツをする時にウォーミングアップをしています
か？　運動は身体にとって大きなストレスとなります。いきなり激
しい運動を行うことは、身体の内部環境を急激に変化させることに
なり、危険を伴います。ウォーミングアップは文字どおり「身体を
温める」のが目的ですが、それだけではありません。メインの運動
を実施する前に比較的強度の低い運動を行い、徐々に身体を慣らし
ていく必要があります。ラジオ体操をする場合もあるでしょう。軽
くジョギングしてストレッチする人もいるかもしれません。

　ウォーミングアップを行うことにより、①身体を温める、②関節
可動域を拡げる、③神経系の働きをよくする、④心臓や呼吸の機能
を徐々に高める、⑤やる気を高める、ことが期待できます。それに
より、目的とする主運動のパフォーマンスが向上し、運動中の怪我
や事故のリスクを低下させることにつながります。さらに、体育の
時間においては、ウォーミングアップ（準備運動）を行わせること
で、子どもたちが気持ちを切り替え、授業に集中するという役割も
あります。それまで休み時間に遊んで十分に身体を動かしていたと
しても、この切り替えは大切です。このように、スポーツの前には、
身体だけでなく心のウォーミングアップも重要です。

(2)　ウォーミングアップでは何をする？

　ウォーミングアップでは、軽い体操・ストレッチング・ウォーキ
ングやジョギング・実際のスポーツの動き（パス、フットワークな
ど）を行います。鬼あそびを取り入れるのもよいでしょう。主運動
に合わせて、これらのウォーミングアップを行います。全ての運動
時間の10〜15％、例えば主運動が1時間であればウォーミングアッ

プは10分程度を目安に行います（厚生労働省、2013）。

　ラジオ体操や学校独自の準備体操を行う場合、ただ号令に合わせて身体を動かすだけでは十分とは言えません。図7－5は、ラジオ体操第一を「なんとなく」行った場合（練習前）と、動きをきちんと理解して「しっかり」行った場合（練習後）の％最大酸素摂取量（運動強度の指標）を示しています（河盛、2014）。その結果、「しっかり」行うと「なんとなく」行った時より、35％も運動強度が高くなっていることがわかりました。ウォーミングアップはしっかりと行うことで、より効果的となります。指導者が子どもたちの前できちんとした見本を見せることも大切です。

(3)　ウォーミングアップとしてのストレッチング
　ウォーミングアップとしてストレッチングはよく用いられます。ウォーミングアップにストレッチングを加えることにより、関節可動域の増加（柔軟性の向上）やスポーツ障害の予防が期待できます。ストレッチングには、大きく二つに分けると、反動や弾みをつけない「スタティックストレッチング」と、関節の動きを伴う「ダイナ

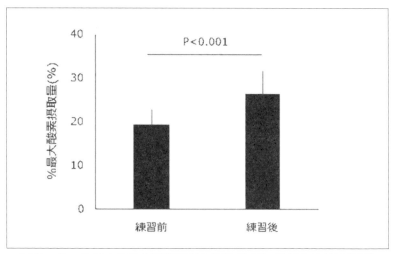

図7－5　ラジオ体操の運動強度の比較（河盛、2014より村岡作図）

ミックストレッチング」があります。スタティックストレッチングは、安全性が高く、身体の柔軟性の改善にも効果的です。アキレス腱を伸ばしたり、前屈して太ももの後ろを伸ばしたりします。一方、ダイナミックストレッチングは、関節の動きを伴うため、スタティックストレッチングよりも心拍数や体温が上昇しやすいと言えます。サッカーのウォーミングアップとして行われるブラジル体操は、ダイナミックストレッチングの代表例です。

ところで、多くの研究結果をまとめたSimic et al（2013）によると、ジャンプ系の動きが多いスポーツのウォーミングアップとして、スタティックストレッチングを行う場合、ストレッチングの持続時間が長くなるほど、引き続いて行うジャンプ系のパフォーマンスが低下することが明らかになりました（図7－6）。しかし、30秒未満であれば影響は小さいため、瞬間的に大きな力を発揮するようなスポーツの前にスタティックストレッチングを行う場合には、1回のストレッチングを30秒未満で行うことが望ましいと言えます。

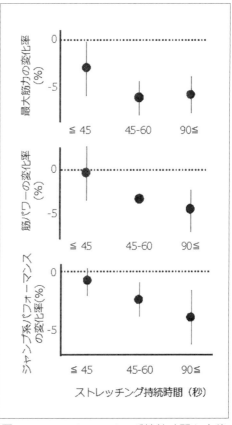

図7－6 ストレッチング持続時間と直後のパフォーマンスとの関係
（Simic et al 2013より村岡作図）

第2項　クーリングダウン

　クーリングダウンとは何でしょうか？ウォーミングアップとは逆に、運動して高まった体温を下げる目的で行われるのがクーリングダウンです。ウォーミングアップはしっかり行っても、クーリングダウンは省略してしまっていませんか？クーリングダウンは、①運動中に上昇した心拍数や体温を下げる、②疲労の回復を早める、③筋肉痛やスポーツ障害を予防する、ことに効果的です。クーリングダウンでは、軽い運動によって徐々に身体を安静の状態に戻していくことが望ましいと言えます。特に、20mシャトルランや持久走など、疲労困憊に至るような運動中は、働いている筋肉（特に脚の筋肉）に多くの血液が送られており、運動後そのまま立ち止まってしまうと急激に血圧が低下し、めまいや失神を起こす場合もあります。このような運動の後には、すぐに立ち止まったり座り込んだりせず、ウォーキングやゆっくりとしたジョギングを行うことにより、脚の筋肉に溜まった血液を心臓の方向に戻すことが大切です。

　クーリングダウンでもストレッチングを行います。ジョギングやウォーキングなどで心拍数と呼吸が落ち着いてきたら、運動で使った筋肉をスタティックストレッチングによってゆっくりと伸ばします。

　活発な運動を行うと、交感神経が活発に働き、活動のためのホルモンであるアドレナリンがたくさん分泌されます。クーリングダウンでは、徐々に軽い運動に移行することで、交感神経の働きをだんだんと収め、心理的な緊張をほぐす効果もあります。運動の始めと終わりは、いずれも身体をすこしずつ安静から運動へ、運動から安静へと変化させていくことが大切です。

引用・参考文献
1）池上晴夫（1990）『新版　運動処方-理論と実際』朝倉書店
2）厚生労働省（2007）『平成19年度版　厚生労働白書』

第3節　運動・スポーツの始めと終わり　173

3 ）猪飼道夫、須藤春一（1968）『教育生理学』第一法規

4 ）大澤清二、鈴木和弘、竹内一夫、柿山哲治、小磯透、永井大樹（2010）『学校保健の世界』杏林書院

5 ）文部科学省（1999）『新体力テスト実施要項（ 6 歳～11歳対象)』
http://www.mext.go.jp/a_menu/sports/stamina/05030101/001.pdf
（参照日　2017年10月10日）

6 ）「早寝 早起き 朝ごはん」全国協議会（2006）『「早寝早起き朝ごはん運動」について』
http://www.hayanehayaoki.jp/about.html（参照日　2017年11月 3 日）

7 ）Scammon RE（1930）The measurement of the body in childhood. In : Harris JA, Jackson CM, Paterson DG, Scammon RE（Eds.）, The measurement of Man. pp173-215, University of Minnesota Press.

8 ）浅見俊雄（1985）『スポーツトレーニング』朝倉書店

9 ）猪飼道夫、高石昌弘（1967）『身体発達と教育　教育学叢書　第19巻』第一法規出版

10）金久博昭（2009）『トレーニングの基礎的概念』トレーニング科学研究会編トレーニング科学ハンドブック、朝倉書店

11）金子公宥（1984）『トレーニングの科学』浅見俊雄、宮下充正、渡辺融編、現代体育・スポーツ大系第 8 巻トレーニングの科学、講談社

12）日本臨床スポーツ医学会学術委員会整形外科部会（2016）『子供の運動をスポーツ医学の立場から考える～小・中学生の身体活動が運動器に与える影響』
http://www.rinspo.jp/pdf/proposal.pdf（参照日　2017年10月10日）

13）日本体育協会（2010）『アクティブ・チャイルド60min.－子どもの身体活動ガイドライン』サンライフ企画

14）厚生労働省（2013）『健康づくりのための身体活動基準2013』
http://www.mhlw.go.jp/stf/houdou/2r9852000002xple-att/2r9852000002xpqt.pdf
（参照日　2017年10月10日）

15）河盛友紀（2014）『ラジオ体操の運動強度～普通のラジオ体操と力強いラジオ体操の比較～』平成26年度明星大学教育学部卒業論文

16）Simic L, Sarabon N, Markovic G（2013）Does pre–exercise static stretching inhibit maximal muscular performance? A meta-analytical review. Scand J Med Sci Sports 23 : 131-148.

執 筆 者

坂本　拓弥（さかもと・たくや）
筑波大学体育系助教（体育・スポーツ哲学）　　　　　第Ⅰ章

佐藤　洋（さとう・よう）
明星大学教育学部助教（体育・スポーツ哲学、体育・ス
ポーツ社会学）　　　　　　　　　　　　　　　　　第Ⅱ章

島本　好平（しまもと・こうへい）
明星大学教育学部准教授（体育・スポーツ心理学）　　第Ⅲ章

今福　一寿（いまふく・かずひさ）
明星大学教育学部教授（スポーツ運動学、コーチング）　第Ⅳ章

金子　敬二（かねこ・けいじ）
明星大学教育学部教授（スポーツ・バイオメカニクス）　第Ⅴ章

笹原　千穂子（ささはら・ちほこ）
明星大学教育学部准教授（運動・スポーツ栄養学）　　第Ⅵ章

村岡　慈歩（むらおか・よしほ）
明星大学教育学部教授（運動生理学）　　　　　　　　第Ⅶ章

子どもの体育指導のエッセンス

2018年 8 月27日　第 1 刷
2020年 3 月20日　第 2 刷

編著者　　明 星 大 学 保 健 体 育 部 会
発行者　　大　橋　有　弘
発行所　　明 星 大 学 出 版 部
　　　　　東京都日野市程久保2-1-1
　　　　　電話　042-591-9979

印刷・製本　信濃印刷株式会社　　　　　　　　　　　　©2018
ISBN　978-4-89549-215-7